「積木圖像記憶法」

一本搞定所有難題！

三大特色，入門／中階皆適用

完全版
Complete
Version

吉他指板

超解密手冊

Fretboard Secret Handbook

不拘時 編著

大綱

關於 作者 AUTHOR

不拘時，本名蘇士鈞，台灣獨立音樂創作人，製作人，吉他演奏家。經歷錄音室樂手，編曲，而後發行吉他演奏專輯，以吉他為主要演奏樂器。作品有「妳還在嗎？」吉他演奏全創作單曲、「島上無花」吉他演奏全創作專輯、「吉他指板超解密手冊」、「吉他入門一本就上手」、「流行音樂的特殊和絃進行訓練筆記」、「一個人的藍調指彈吉他攻略」。

* 個人網站：http://tw.ScottSu.net/
* Facebook：http://www.facebook.com/scottmusic
* 吉他演奏全創作專輯：KKBox、MyMusic、各大手機平台請搜尋「不拘時」，iTunes、Spotify 搜尋「Scott Su」

「妳還在嗎？」
最新木吉他演奏全創作單曲全曲聆賞
曲 / 編曲 / 演奏 / 錄音 / 混音 / 製作：不拘時　口琴：Otis Tsao

「島上無花」
電 / 木吉他全創作演奏專輯 iTunes 試聽下載
曲 / 編曲 / 演奏 / 錄音 / 混音 / 製作：不拘時　母帶後期：葛子毅

前言

不論是要彈何種音樂曲目，如果不知道音符真正的位置在哪裡，即便只是要彈簡單的小蜜蜂，也會不知道要從何下手，更不用說要進階到自由自在的隨心彈奏，即興演出。

對於想入門吉他的朋友，如果你學過其他樂器，看過本手冊，你一定能更快速的在吉他上得心應手，可能不看六線譜都沒關係；如果你沒學過其他樂器，看過本手冊後，能更快速的知道為什麼要按那些琴格的原因，對於後續進階彈奏十分有幫助。

對於中級程度的朋友，如果你有了基礎演奏能力，卻不知道接下來如何下手讓自己提升到進階的程度；你想改編喜歡的音樂、創作自己的作品，卻感覺自己的能力相當的受限，連音符都不知從何下手，那麼這本手冊一定可以幫助到你。

想要在指板上可以隨心所欲的遨遊，不論你後續想學的是何種曲風，或是你擁有多強的技巧，**你都得先捫心自問自己對於指板的熟悉度有多少？**尤其如果你對爵士（Jazz）、融合樂（Fusion）有相當的興趣或目標的話，**指板不熟悉，就會讓你光在學習時感到受限非常，影響學習意願和堅持度。**

本手冊中，主要單就固定調自然音階為基本的熟悉目標，因為它也代表著你對 7 個絕對音名ＣＤＥＦＧＡＢ在指板上的位置熟悉，如果你連它們的位置分布都無法得心應手，要怎麼作即興與創作呢？當你對指板上的音符位置都非常熟悉，你會發現你看指板的角度，甚至畫面都會不一樣，音符的分布圖案會像Photoshop的圖層般的疊在指板上，再練得熟一點，不同調的指型圖還可以馬上切換。

不論你對於吉他的目標是什麼，熟悉指板指型是必須的階段，所以就讓我們開始吧！

ＣＤ音軌

基礎篇

第1章　　自然音階指型積木

要牢牢記住吉他指板上自然音階 Ｃ Ｄ Ｅ Ｆ Ｇ Ａ Ｂ（Do Re Mi Fa Sol La Si）的位置，是不是常讓你頭痛呢？

還是你學過別的樂器，想快速有效率的知道並記憶吉他上的音符位置呢？

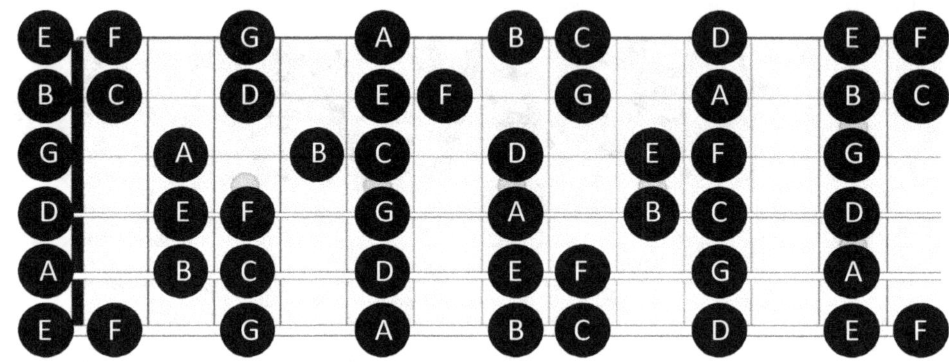

現在我們可以用最適合記憶的**圖像記憶法**來幫助大家更快速有效的記起音階位置。

◎　積木圖

【圖案】

先把它的圖案做群組區分，從左到右依序是：2格、2格、3格、2格、2格。它變得像是積木一樣！相鄰圖形群組的凹凸是互補的，5組圖形拼在一起就是個長方形！

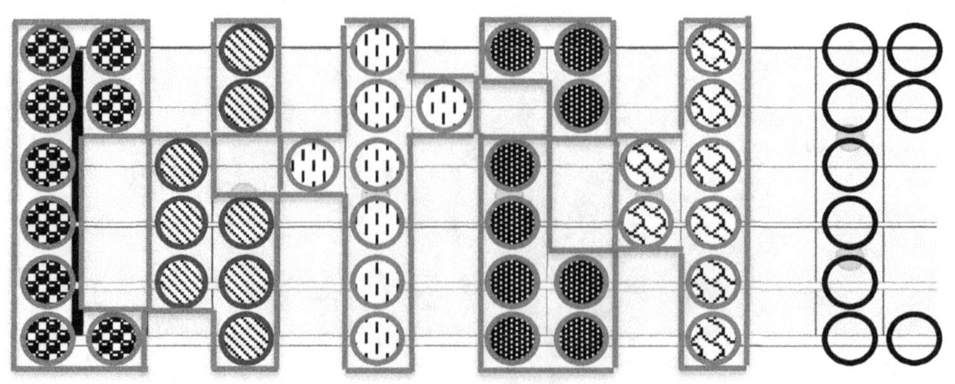

現在，我們只要將這 5 塊積木圖形和左右順序記下來就好囉！

當我們把這 5 塊積木，兩個兩個當作一組，由最低音來開始演奏，就剛好是 5 個 Pattern指型。

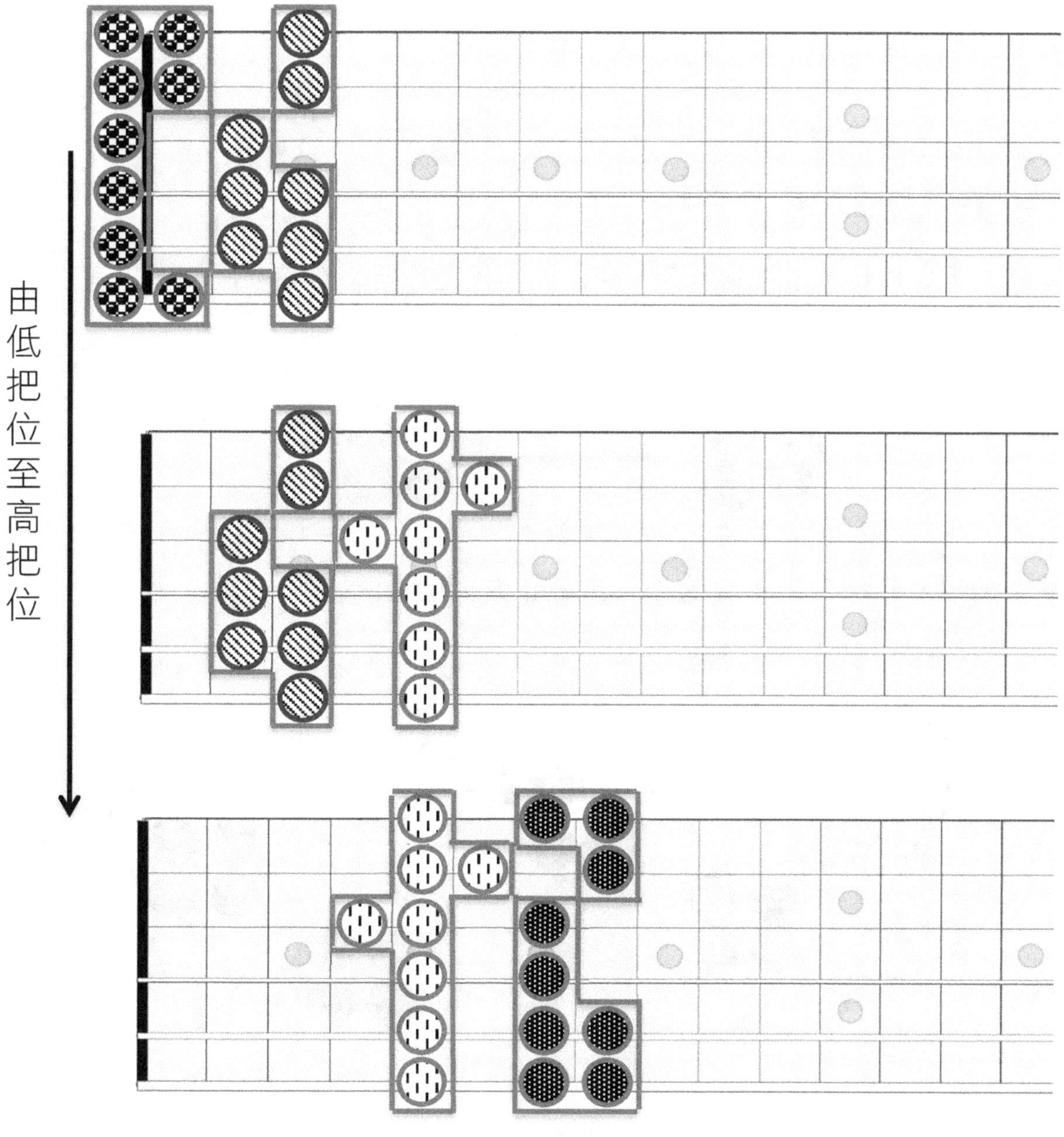

由低把位至高把位

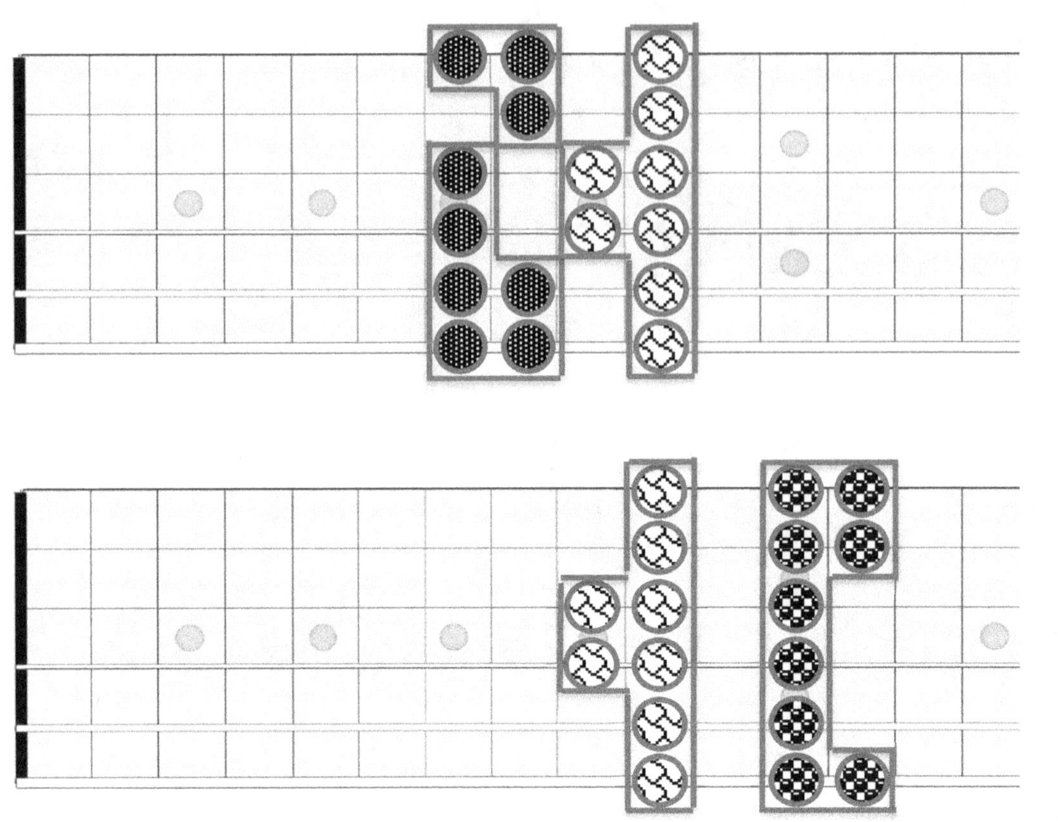

由高把位至低把位

【音名與符號】

半音相聚—Ｂ Ｃ 和 Ｅ Ｆ 之間為半音，在吉他指板上它們是聚在一起的，只有在第 2 弦和第 3 弦上會錯開一個琴格。

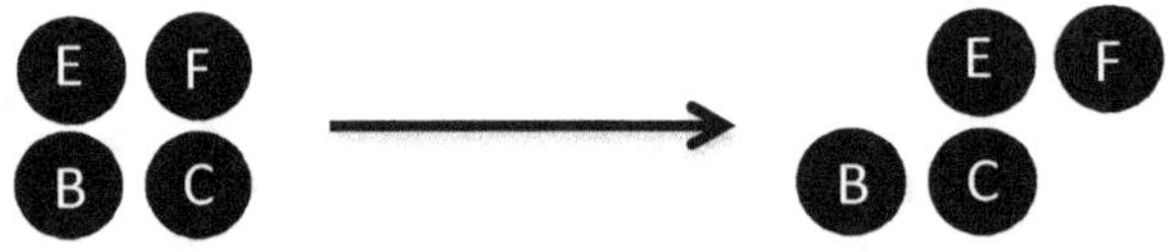

所以積木圖中，Ｅ Ｆ Ｂ Ｃ 4 個音所形成的正方形位置就如下。

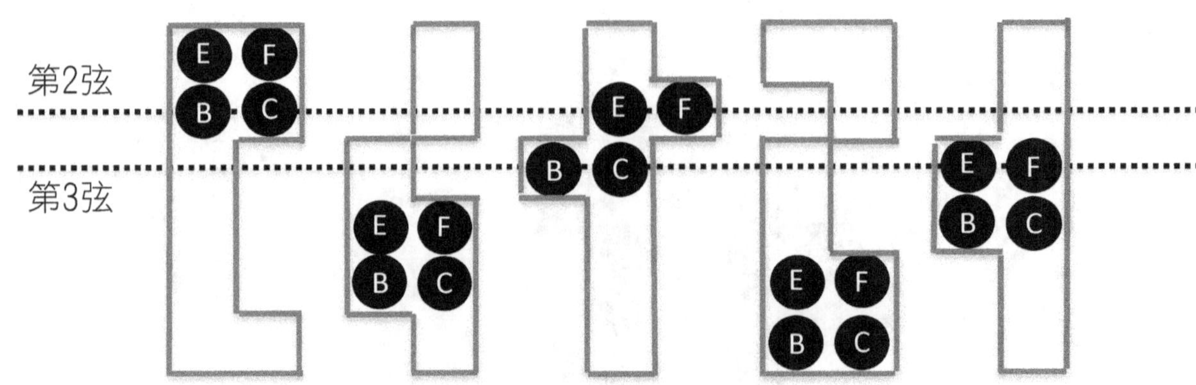

上圖中，2 個音相鄰的空白處有 2 處，他們不是ＥＦ就是ＢＣ，你覺得是什麼呢？答案揭曉。

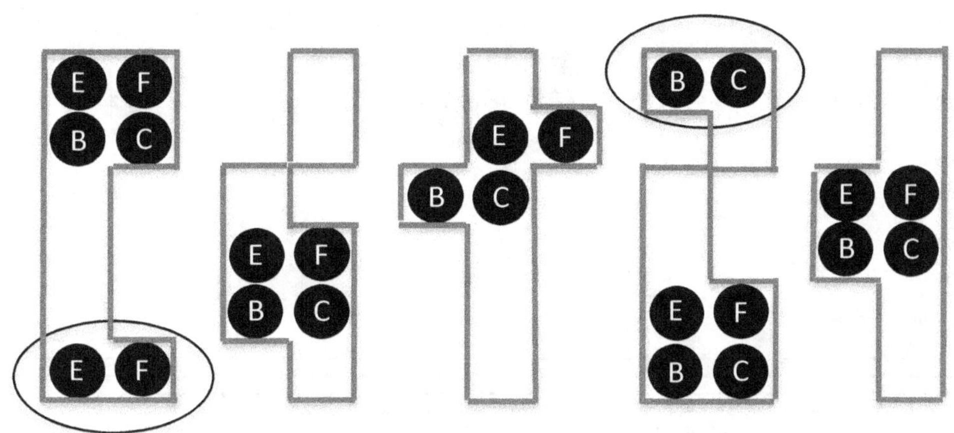

解決了 4 個音，剩下的空白處音符只剩ＡＤＧ 3 個音要填，只要記得用完全 4 度音程去填入，遇到第 3 弦進第 2 弦時要錯開 1 個琴格就可以了！

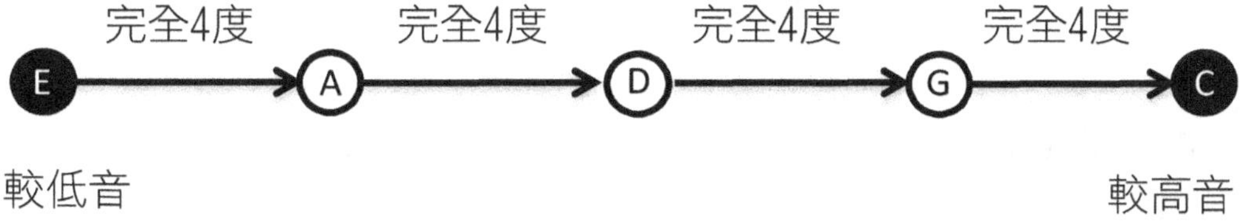

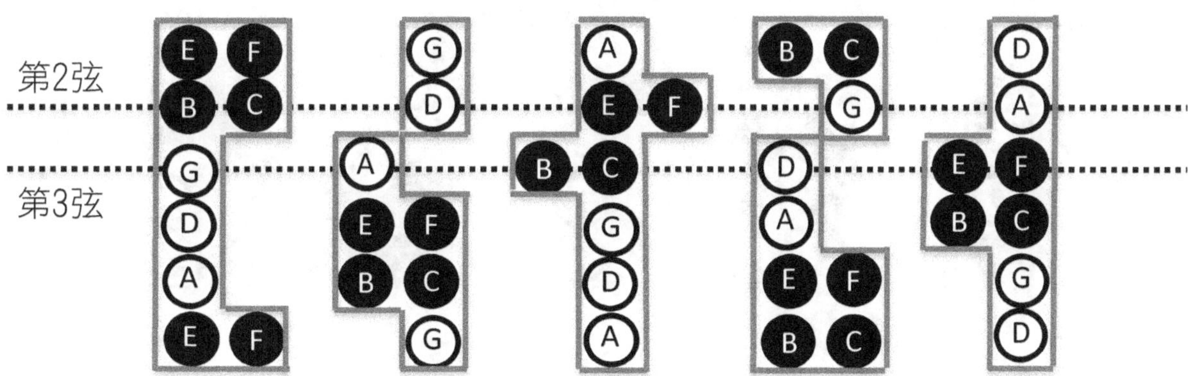

這樣，先記凹凸互補的積木圖形，再把音符按一點小規則填入圖形中，就完成了自然音階位置的記憶囉～

小問題解說

☆ 為什麼音符遇到了第 2 弦和第 3 弦時都必須要調整 1 個琴格的位置呢？

因為吉他標準調弦是採相鄰 2 根弦間距離完全 4 度音程的調音，只有第 2 弦和第 3 弦間是大 3 度，大 3 度和完全 4 度是差了 1 個半音，也就是 1 個琴格的距離，所以原本根據完全 4 度來建立的音符，到了那裡也要調整 1 個琴格的位置。

【轉換成簡譜數字】

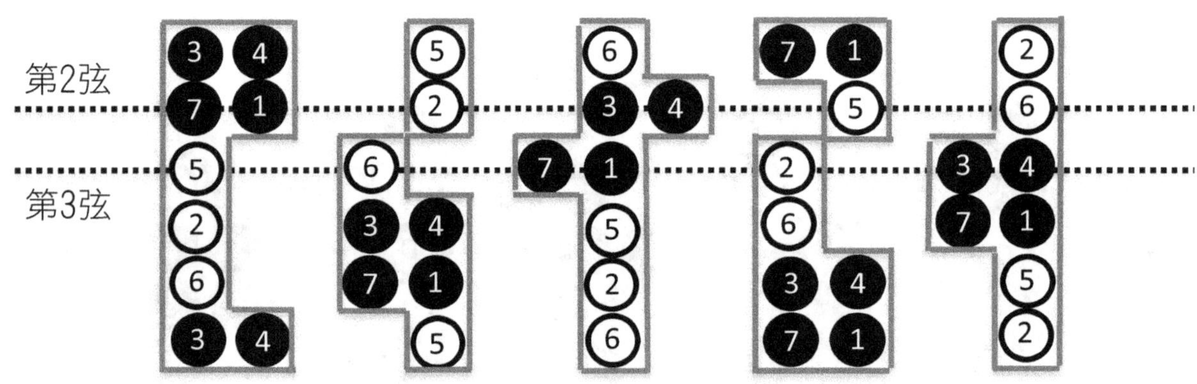

【自然大調 v.s 自然小調】

同調號的自然大調和自然小調用的是同樣的音階，因此音階圖是一樣的，不用另記，只要記得大調音階的主音是音階的 1 （音階順序1234567），小調音階的主音是音階的 6 音（音階順序6712345），順序改變，造成格式改變（大調—全全半全全全半，小調—全半全全半全全），聽覺上也就不同，將小調音階的主音當作1，依照小調格式排列則變成 1 2 b3 4 5 b6 b7，更可見與大調音階的不同。

【小測驗】

請畫出指板上剩餘的自然音階位置、主音位置，並確認大調或小調（T表示主音位置）。

<1>

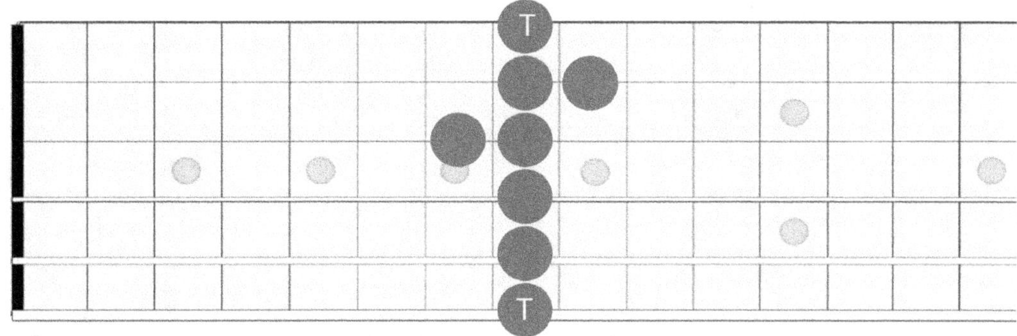

<2>

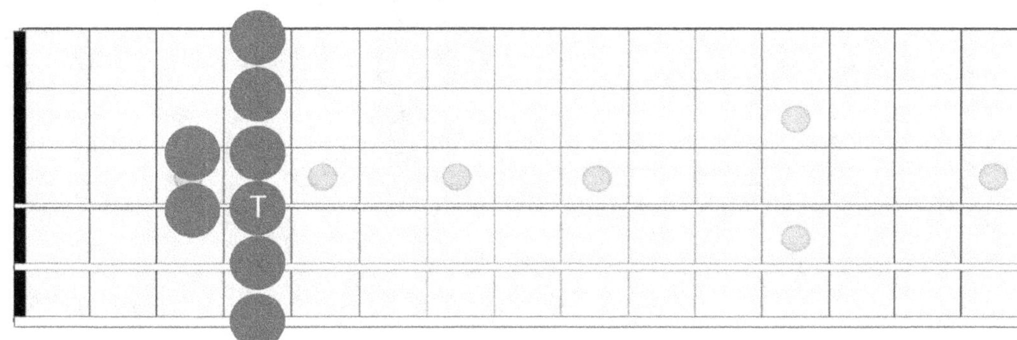

<3>

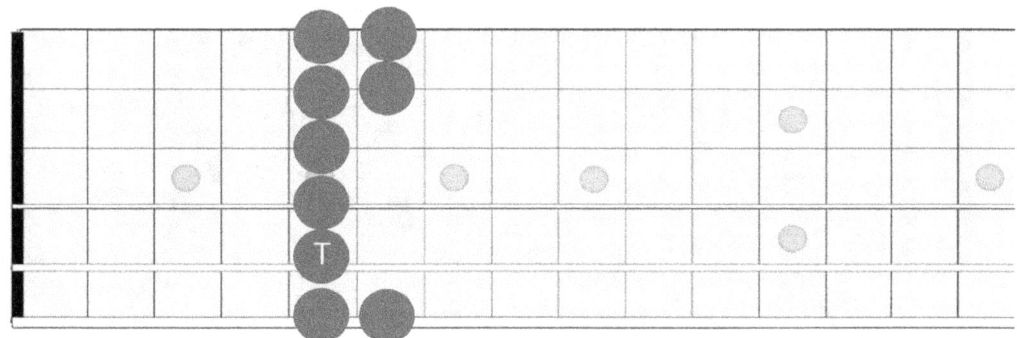

<4>

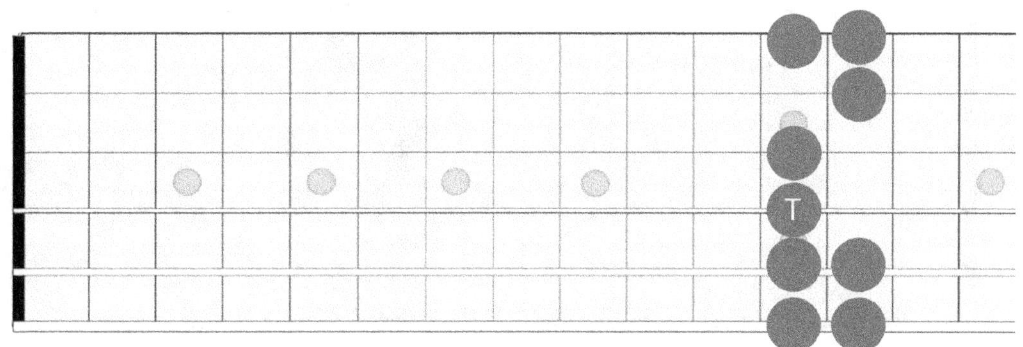

<5>

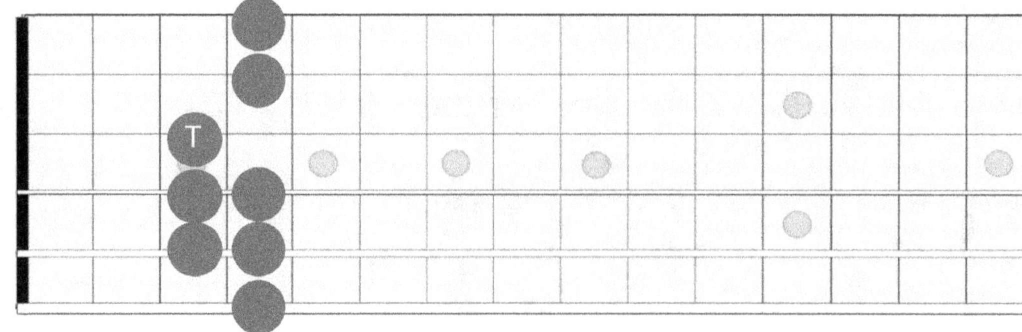

<6>

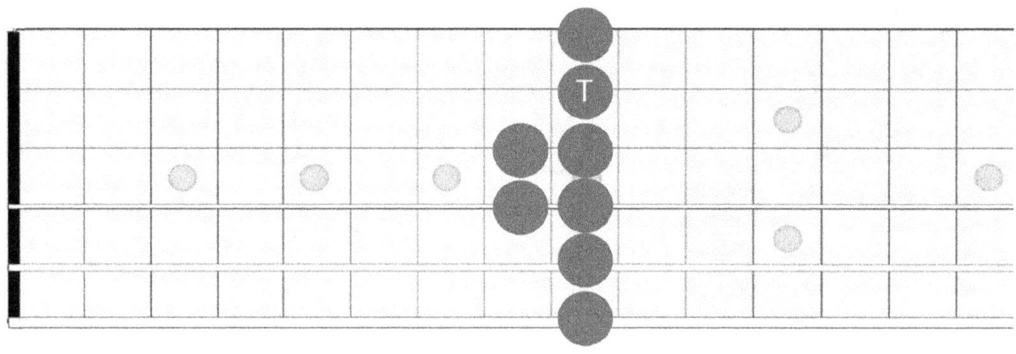

<7>

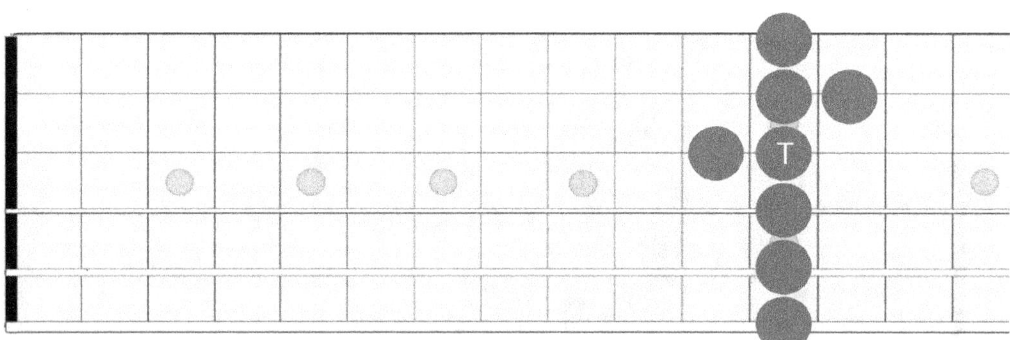

<8>

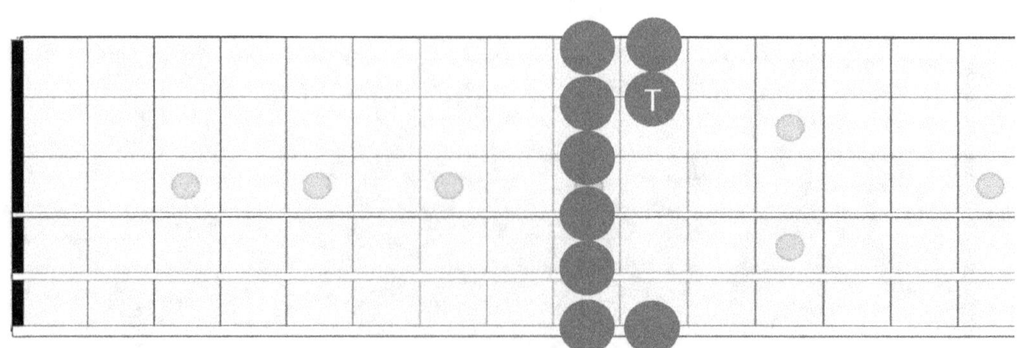

第 2 章　　八度音位置圖

八度音位置的熟悉，也可以幫助演奏時把位的移動，除了旋律外，要快速尋找和絃的位置也相當有幫助喔！

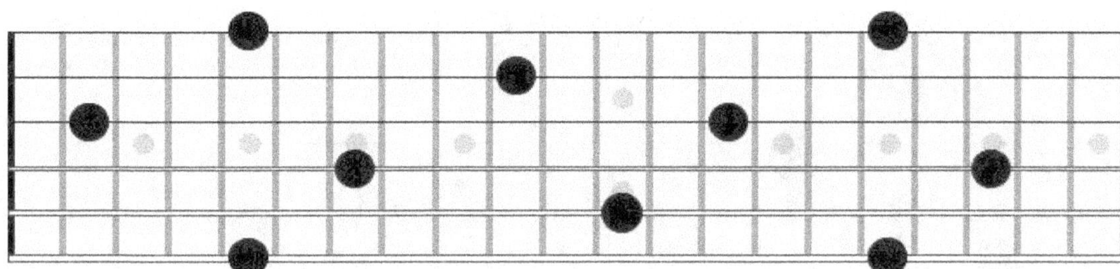

【規則】

1.　第一弦和第六弦的同一琴格是差 2 個八度的同音。

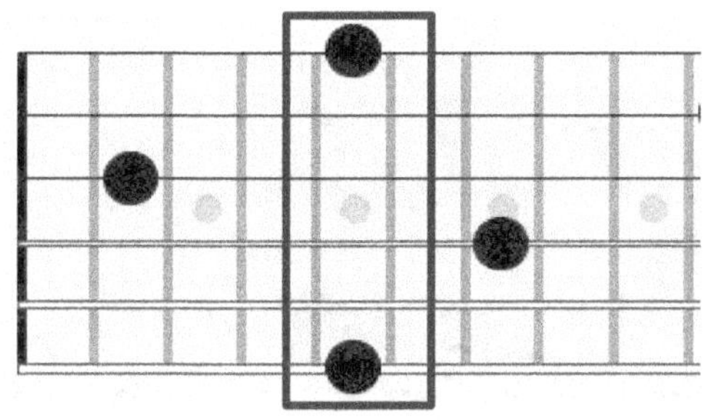

2.　往高把位的位置找**高八度音**的話：

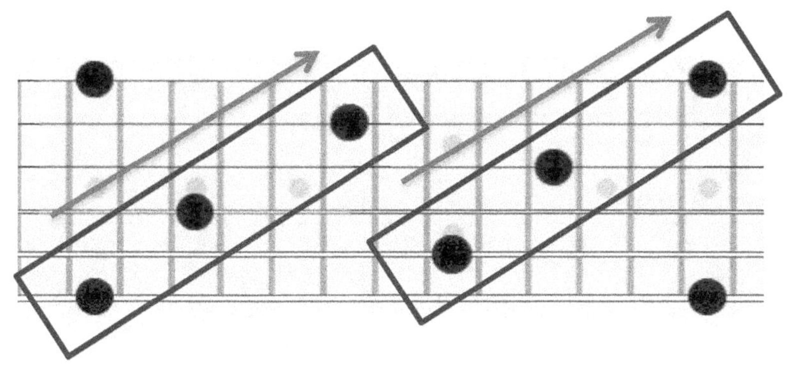

3.　往低把位的位置找**高八度音**的話：（注意第六弦那一組）

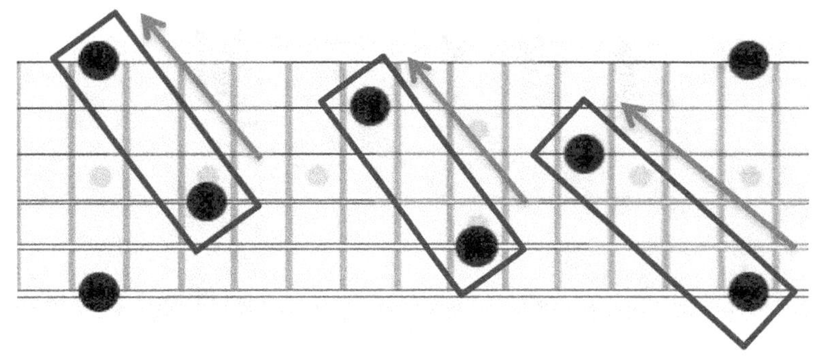

4.　第一弦和第六弦的八度音可以當作基本的記憶點，記兩邊的八度音位置。

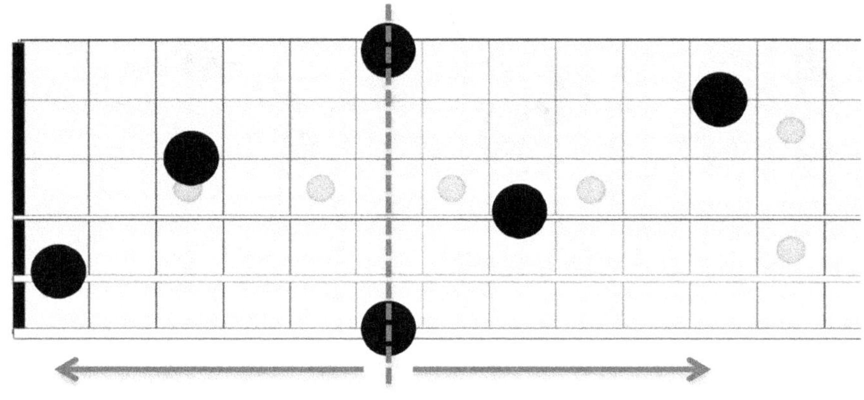

5.　各弦上音符的**高八度音**：

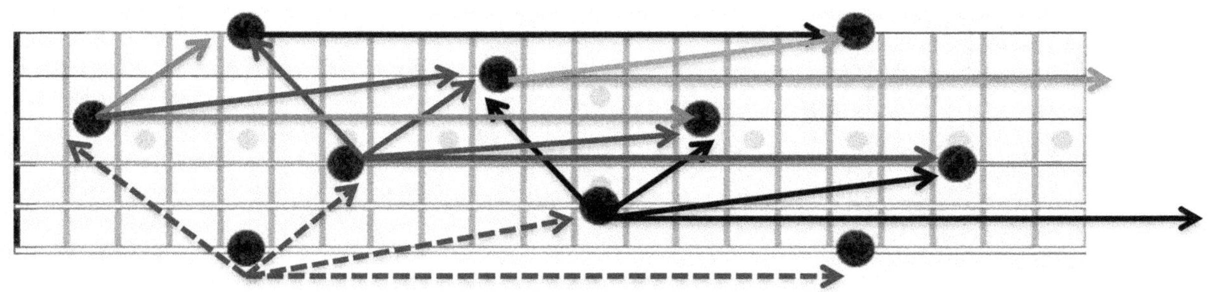

【小測驗】

請找出以下其他的八度音位置。

<1>

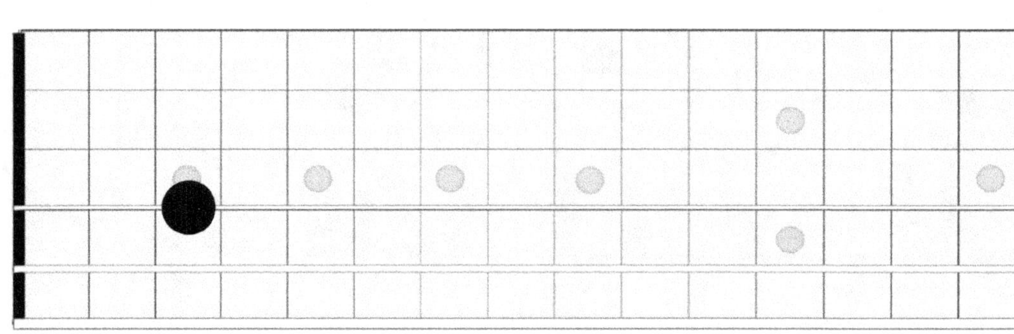

<2>

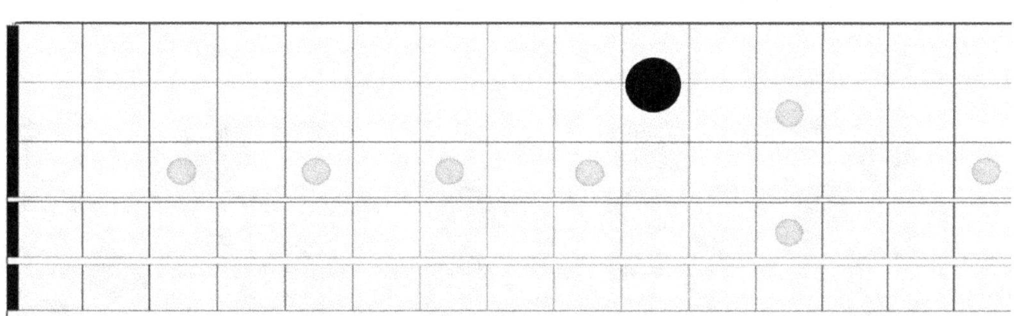

<3>

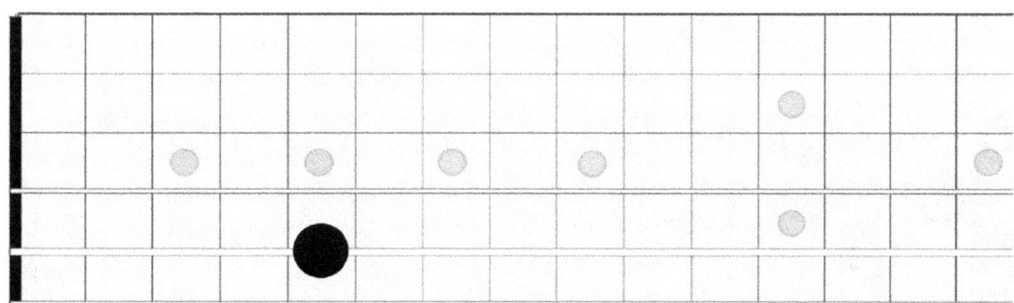

<4>

第3章　其他相關音階指型圖

接下來就介紹由自然音階變形而來的其他常用音階指型圖，只要照著自然音階積木去做音符的變動，就不會搞混。

《五聲音階指型圖》

去掉自然音階中的 4、7 音即可。（原本的3471正方形去掉 2 個對角）

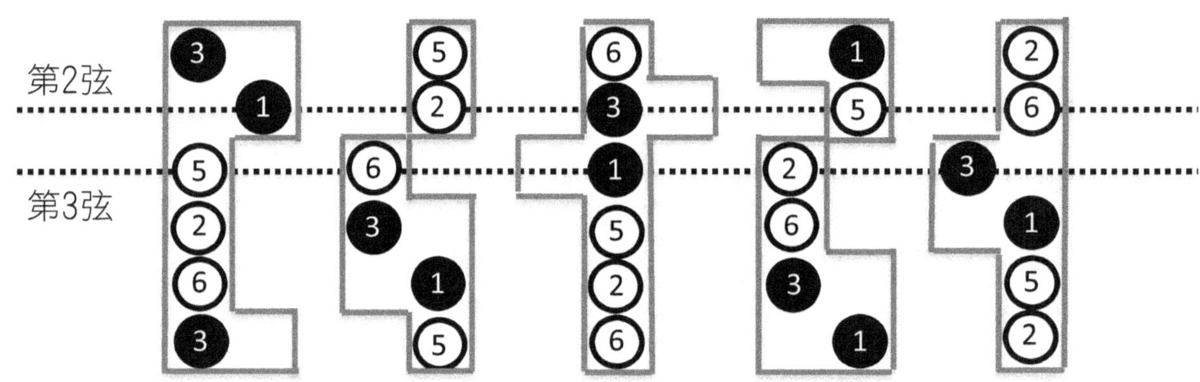

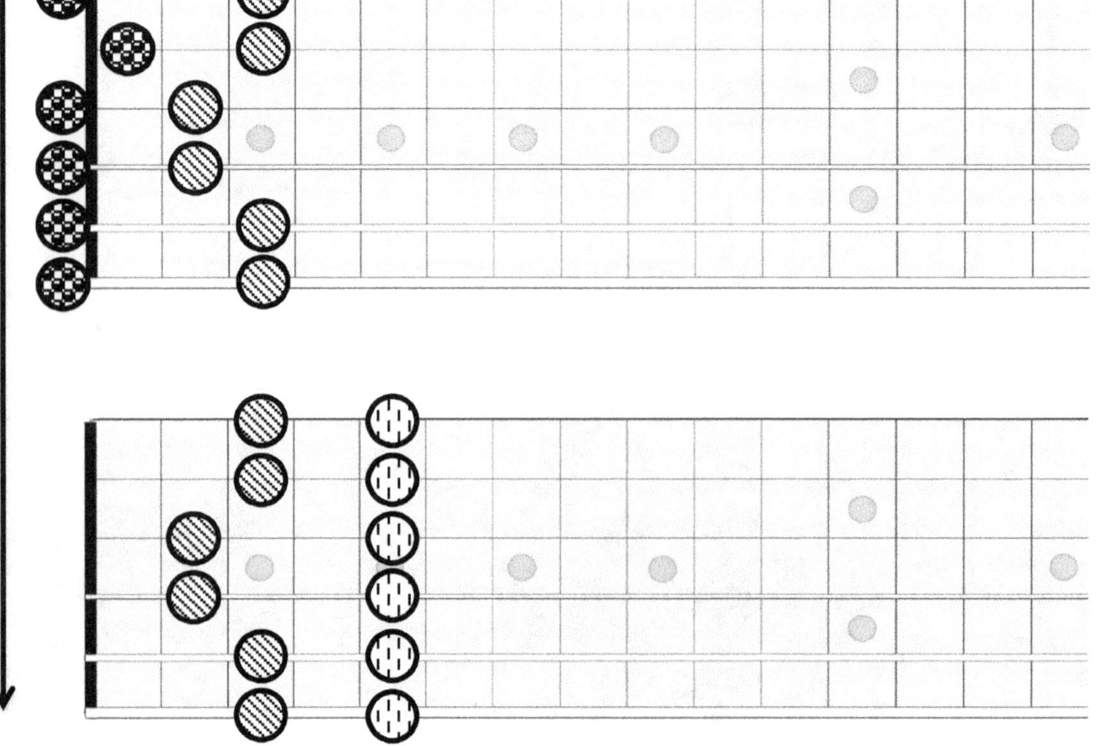

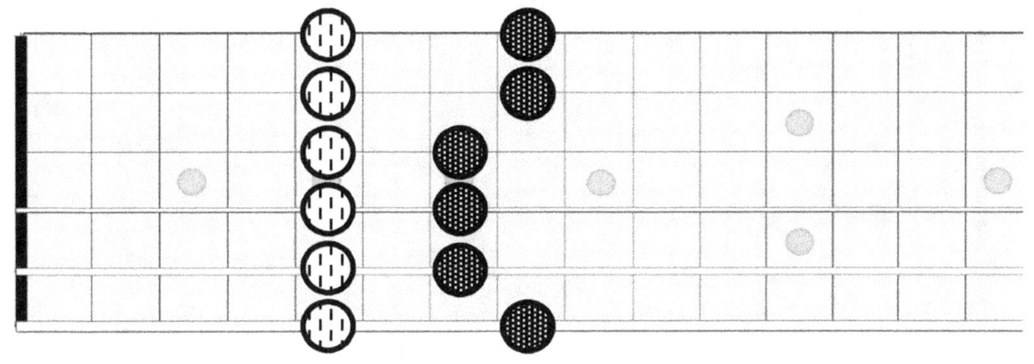

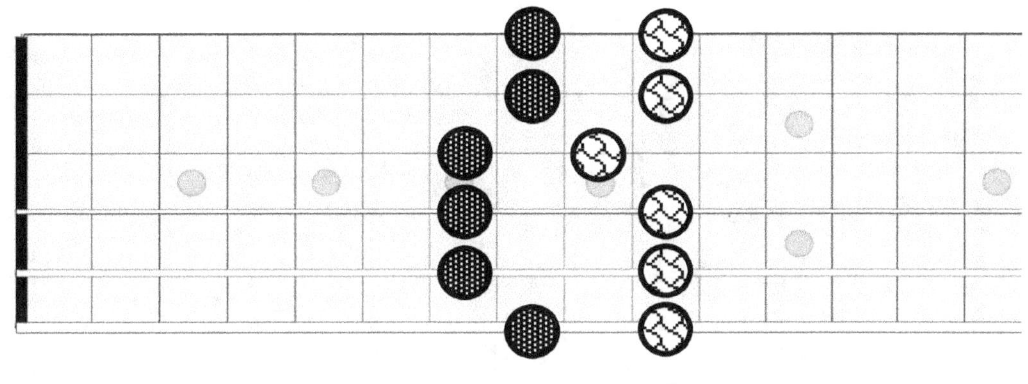

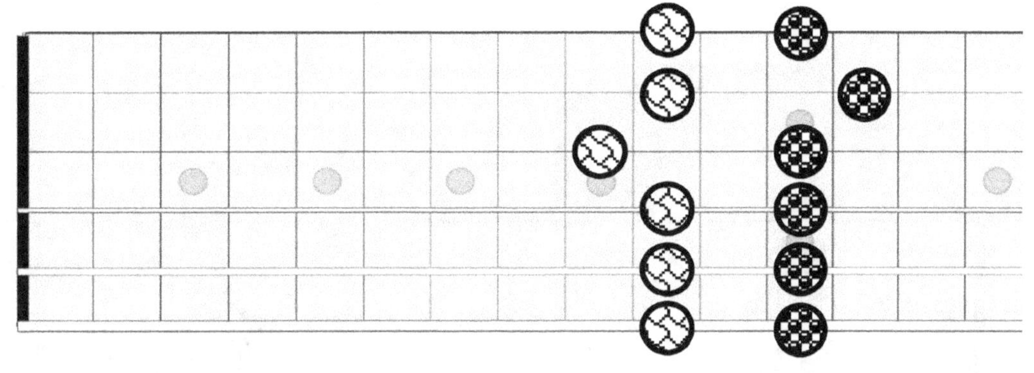

由低把位至高把位

由高把位至低把位

【小測驗】

請畫出指板上剩餘的五聲音階位置、主音位置，並確認大調或小調。

<1>

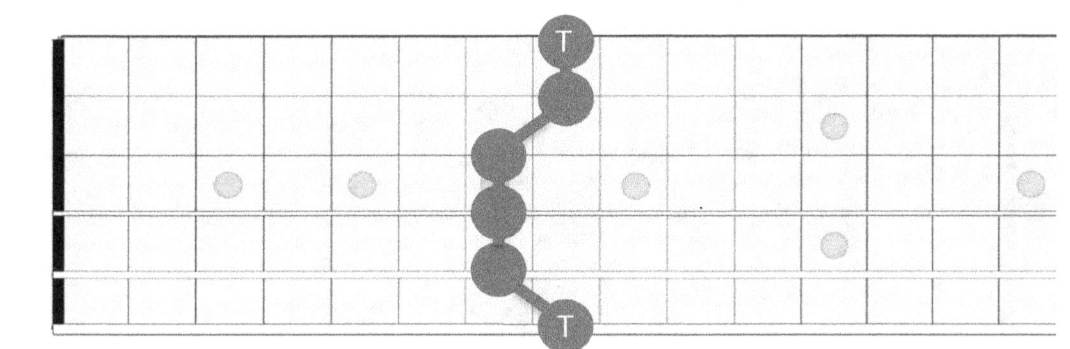

〈2〉

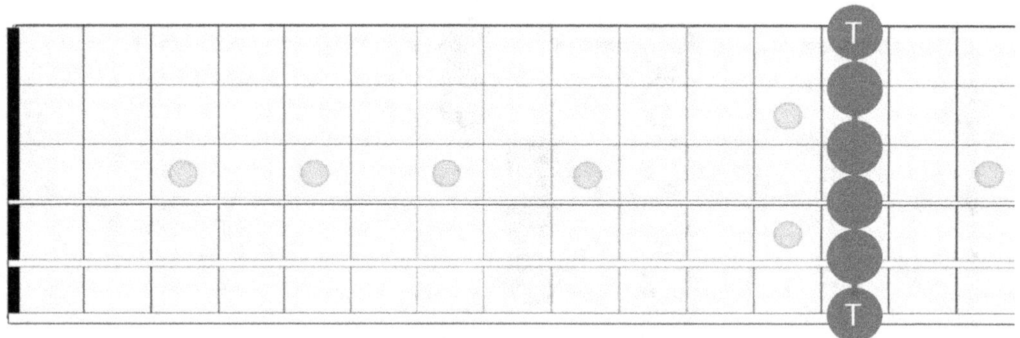

〈3〉

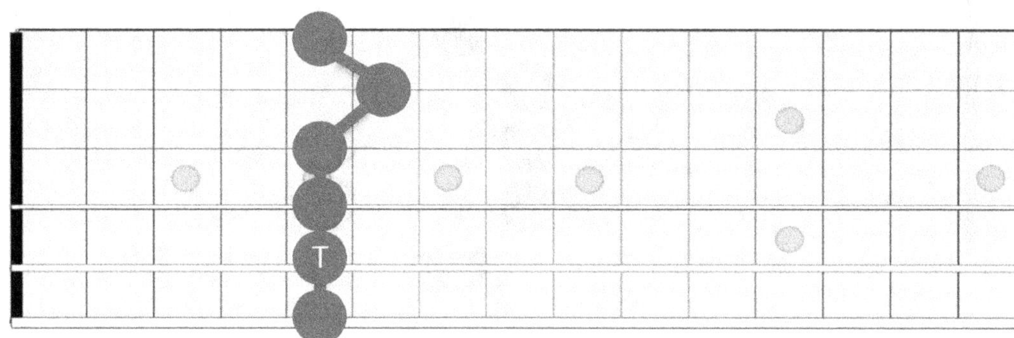

〈4〉

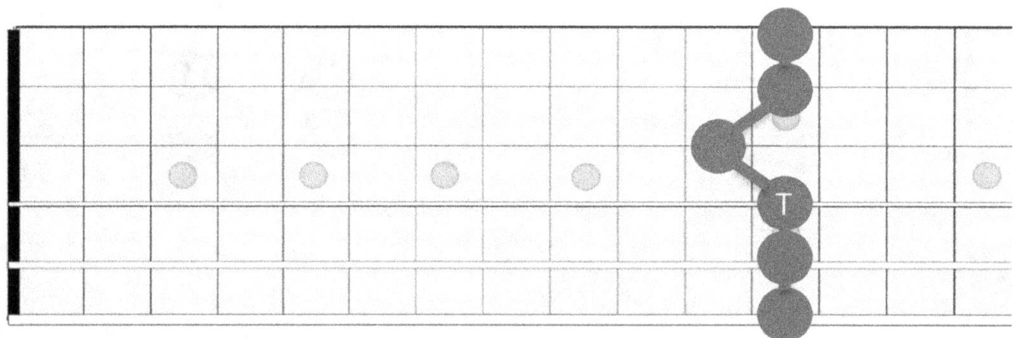

〈5〉

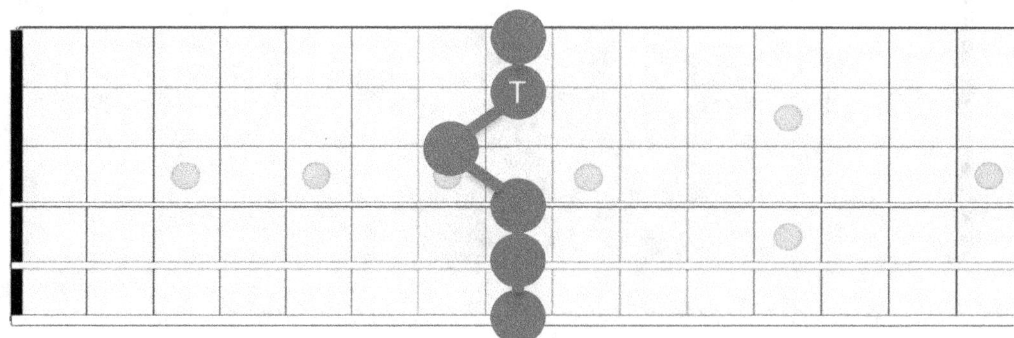

<6>

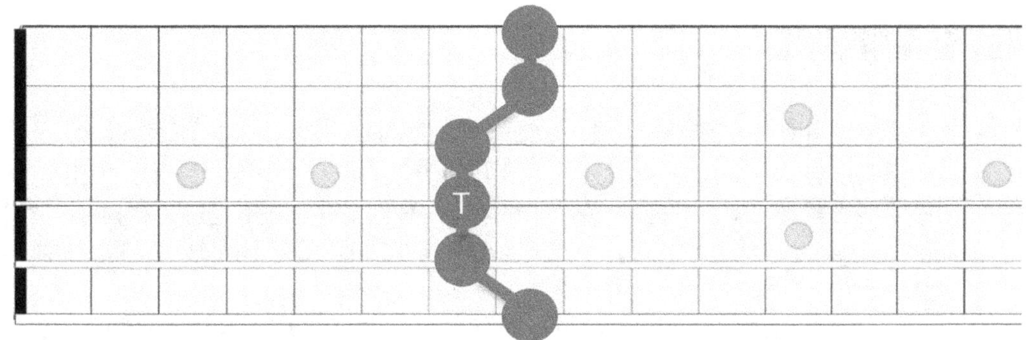

《和聲小音階指型圖》

主音為 6 ，移動自然音階中的 5 音 → #5 音即可。

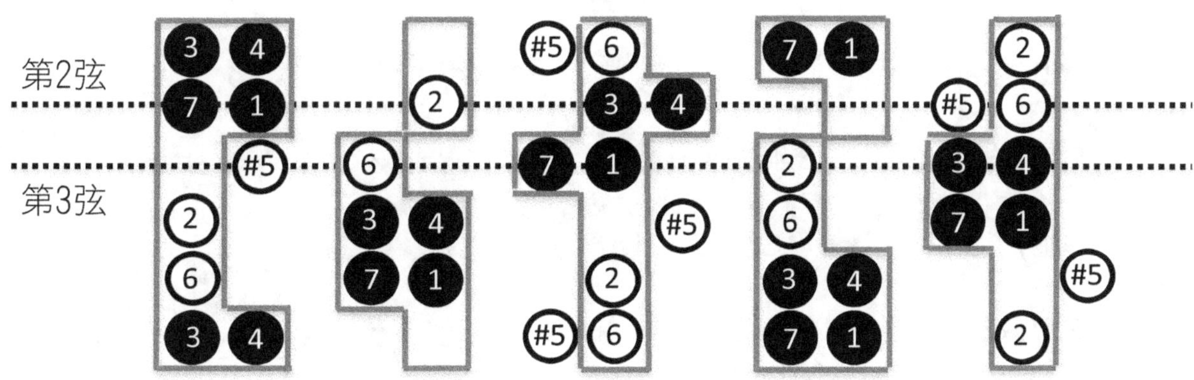

《旋律/爵士小音階指型圖》

主音為 6 ，移動和聲小音階中的 4 音 → #4 音即可。（注意：旋律小音階下行會變成自然小音階，也就是#4→4，#5→5，爵士小音階不會）

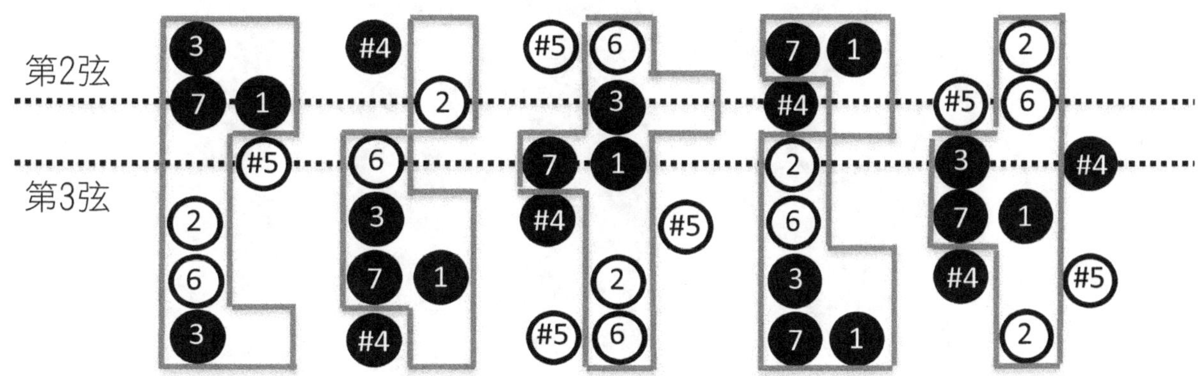

《調式音階指型圖》

一般調式音階是指歐洲調式音階，概念上和大小調音階相同，就是使用了同樣的自然音階，但依據主音的不同，產生不同的順序排列，不同的格式，而有不同的聽覺效果。因為自然音階有 7 個組成音，因此由自然音階衍生出的調式音階也就有 7 種；同樣的和聲小音階和旋律小音階也都各自可以衍生出 7 種調式音階。

因為概念上只是音階上使用的主音不同，因此不須另外去記音階指型圖，只要把原本的 3 種音階指型熟練，注意當主音不同時，某些特徵音符與和絃的獨特聲響，再加以運用。

運用調式來作熟悉指板的練習，請見「調式的訓練」一章。

主音	調式	調式音階	音階結構格式（主音為 1 ）						
C	C Ionian	C D E F G A B	1	2	3	4	5	6	7
D	D Dorian	D E F G A B C	1	2	b3	4	5	6	b7
E	E Phrygian	E F G A B C D	1	b2	b3	4	5	b6	b7
F	F Lydian	F G A B C D E	1	2	3	#4	5	6	7
G	G Mixolydian	G A B C D E F	1	2	3	4	5	6	b7
A	A Aeolian	A B C D E F G	1	2	b3	4	5	b6	b7
B	B Locrian	B C D E F G A	1	b2	b3	4	b5	b6	b7

第4章 「一弦三音」音階指型圖

「一弦三音」指型是為了方便快速進行單音的 Solo 獨奏而發展出的一種指型，
依照了起始音的不同而有了另外七種指型（Mi型　Fa型　Sol型…），然而實際上，
你並不需要再去死記那七種指型，這裡告訴你個更快速有效率的規則方式去記得
這種指型。

◎ 自然音階循環圖

1. 先記得下面 3 個簡單的圖案：

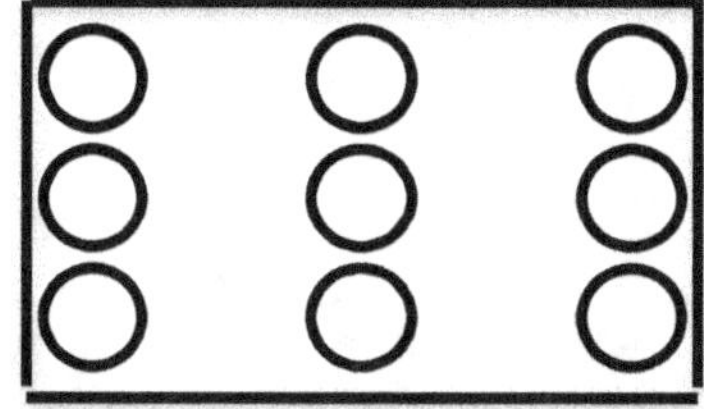  

2. 再瞭解它們的的循環方式：

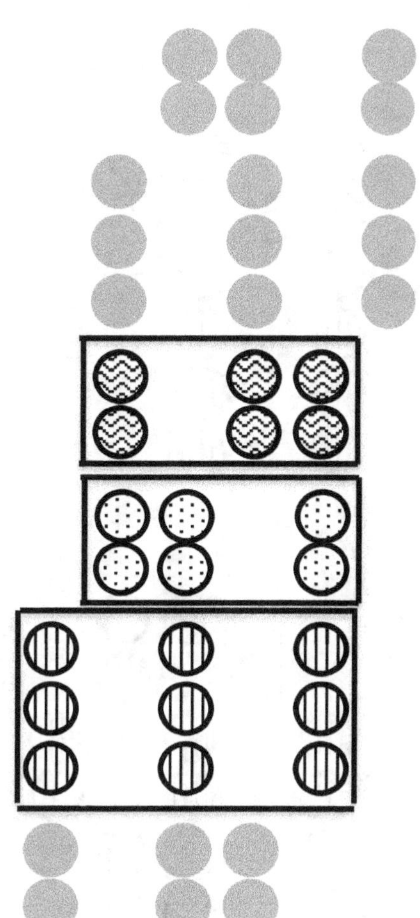

使用方式就是，不管從圖中哪一行開始演奏，只要照著循環的方向，遇到第 2 弦和第 3 弦時一樣記得調整 1 個琴格的位置，就搞定！

將循環圖放到指板上，就可以更清楚它與各類指型的關係囉！

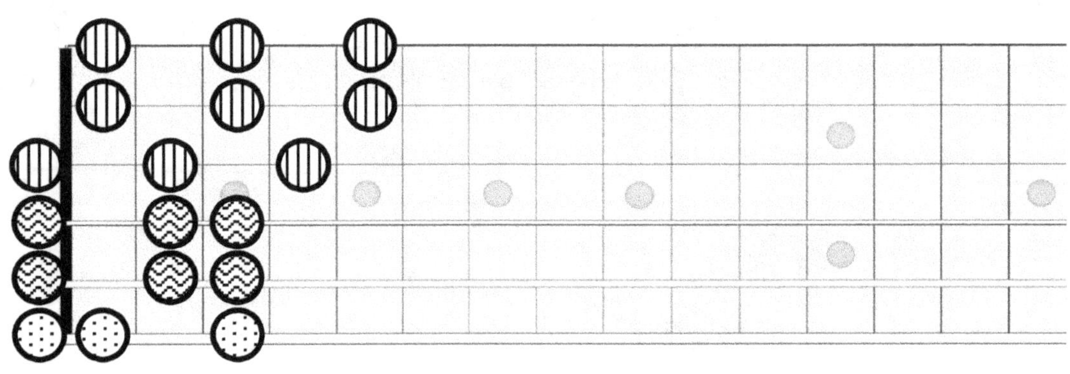

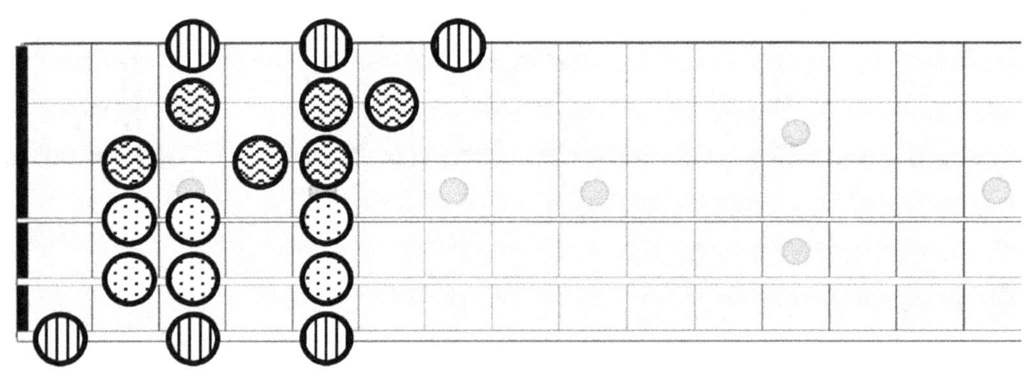

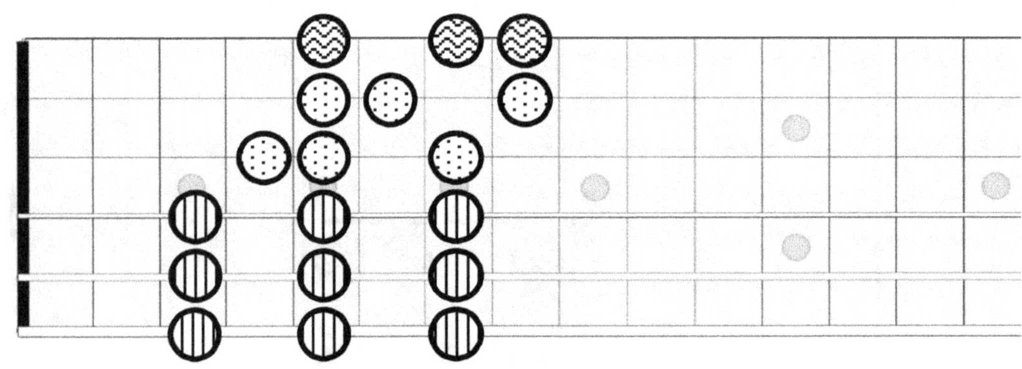

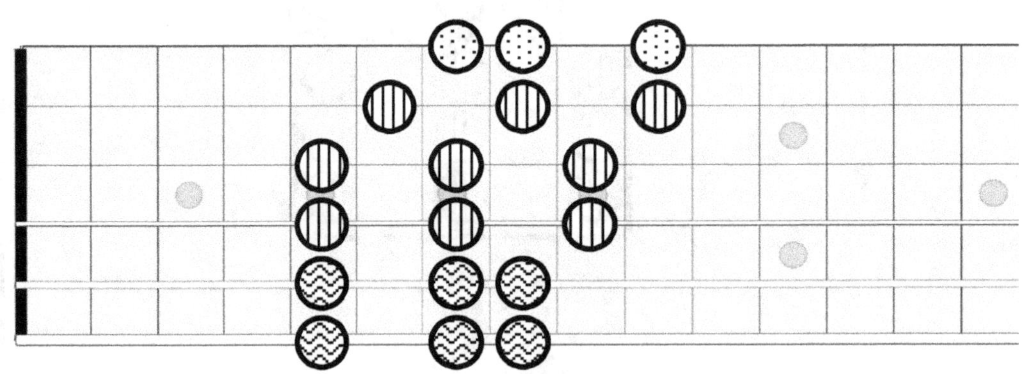

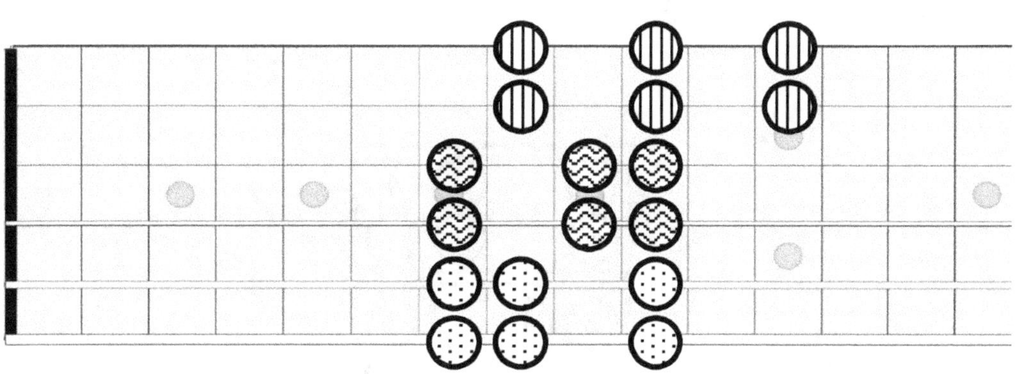

【音名與符號】

圖形沒問題了之後，接下來一樣要可以記得循環圖上的音符囉！首先就是同樣先填上會聚成正方形的那 4 個音，ＥＦＢＣ。

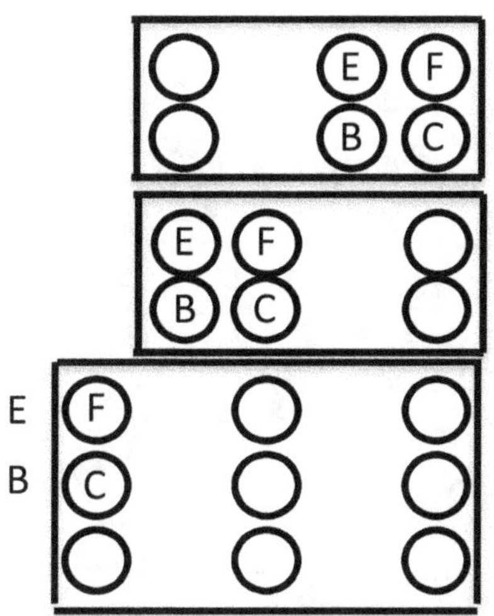

循環圖是設定相鄰弦間的音程都是完全 4 度，所以剩下的音符就和積木圖所說的一樣，按完全 4 度的音符來填上，或是照音階順序填入。

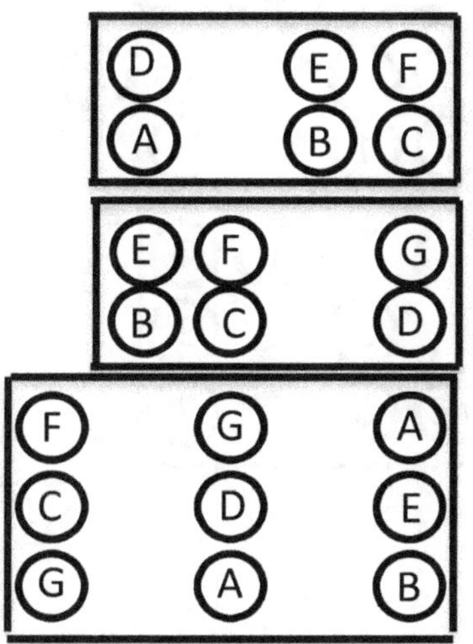

【轉成簡譜符號】

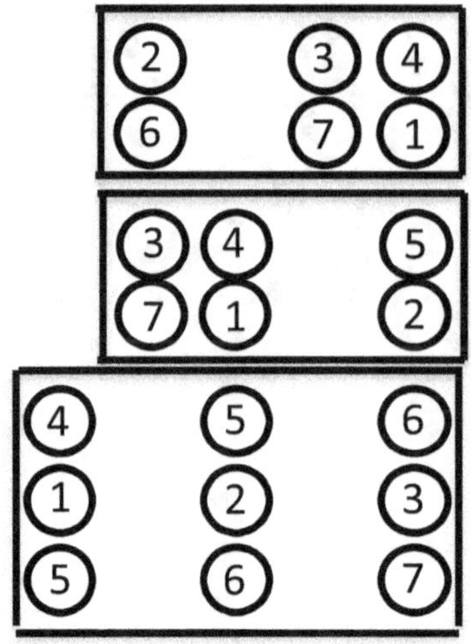

◎ 和聲小音階循環圖

與積木圖一樣，記得主音為 6 ，再把 5 → #5。

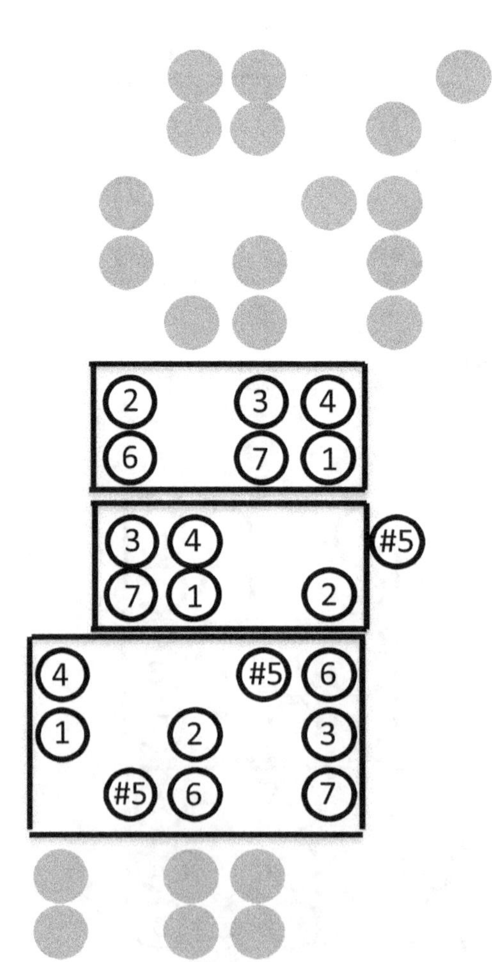

在指板上的「一弦三音」循環圖：

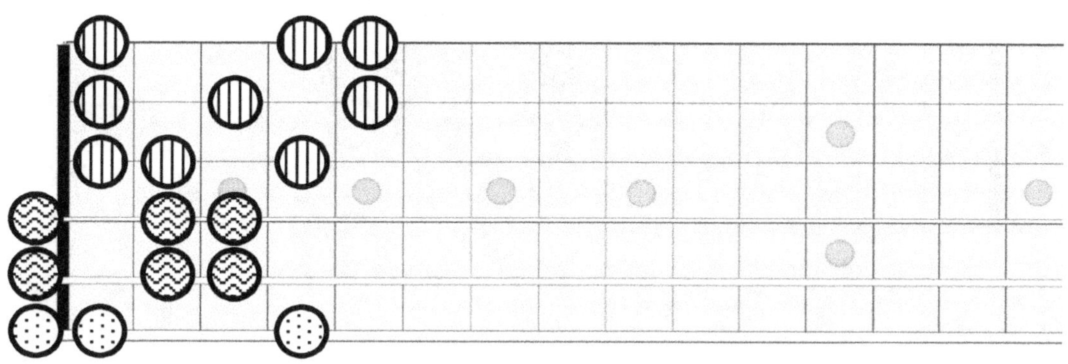

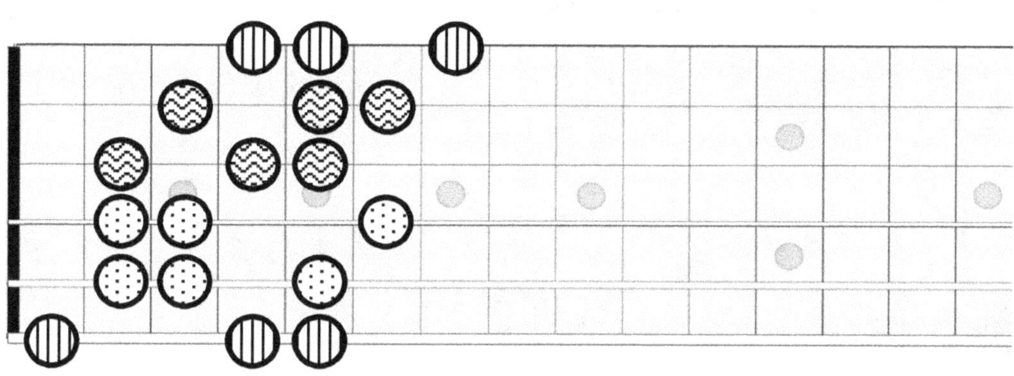

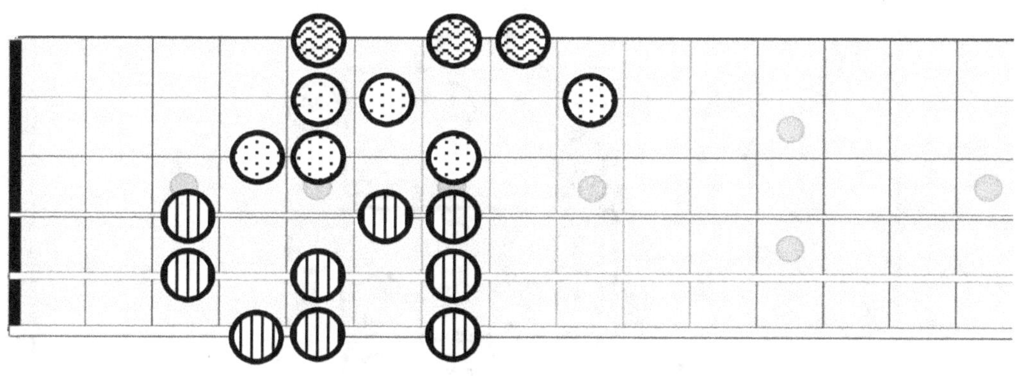

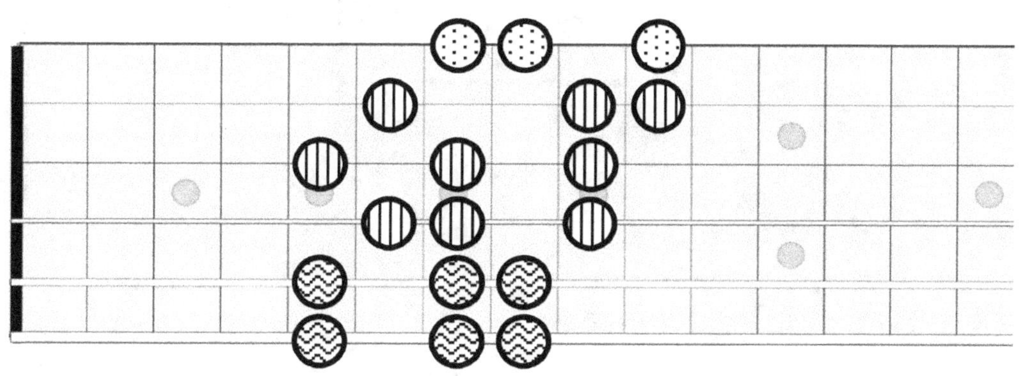

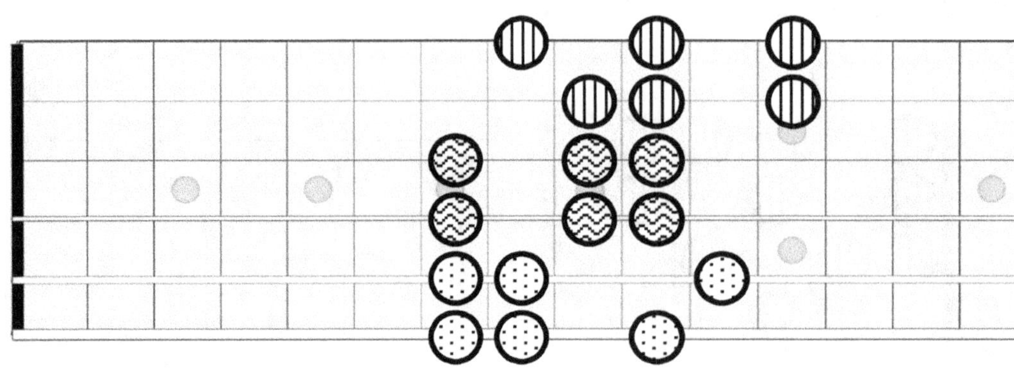

◎ 旋律/爵士小音階循環圖

與積木圖一樣，把和聲小音階的 4 → #4。（注意：旋律小音階下行會變成自然小音階，也就是#4→4，#5→5，爵士小音階不會）

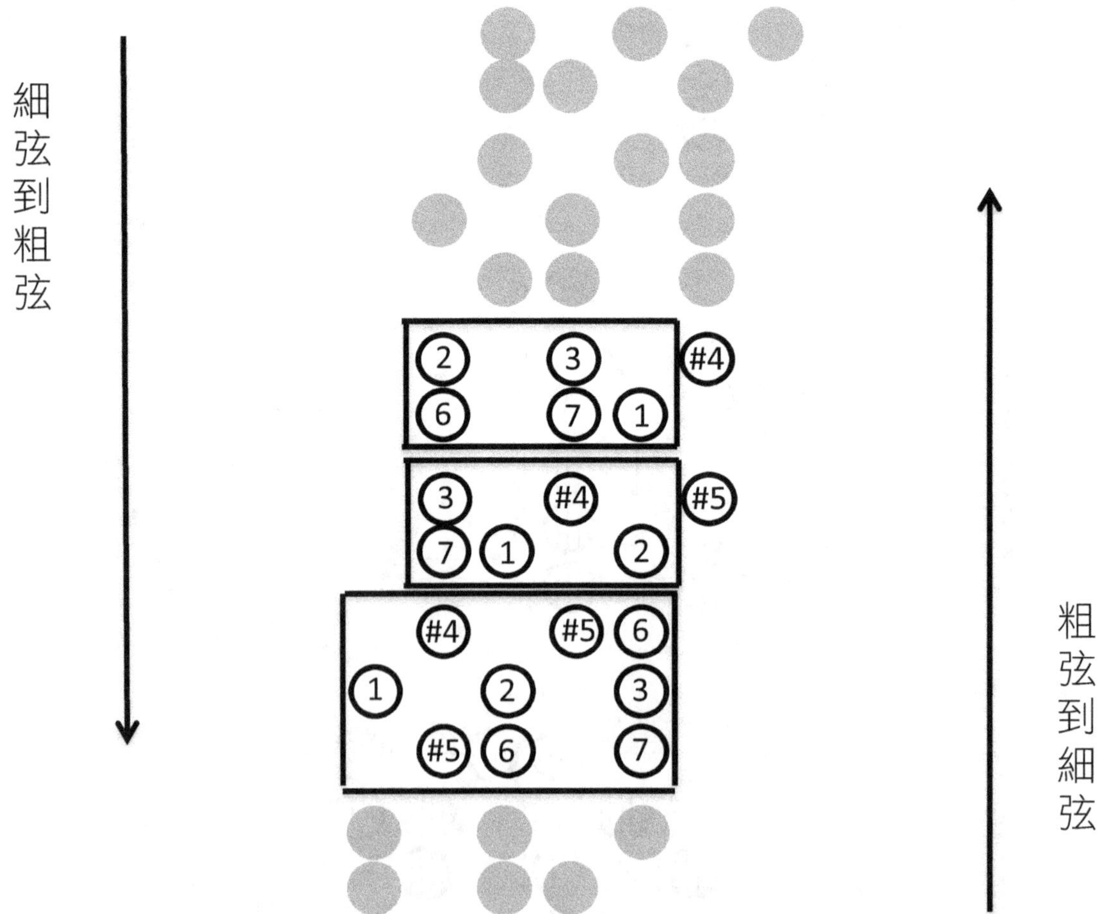

在指板上的「一弦三音」循環圖：

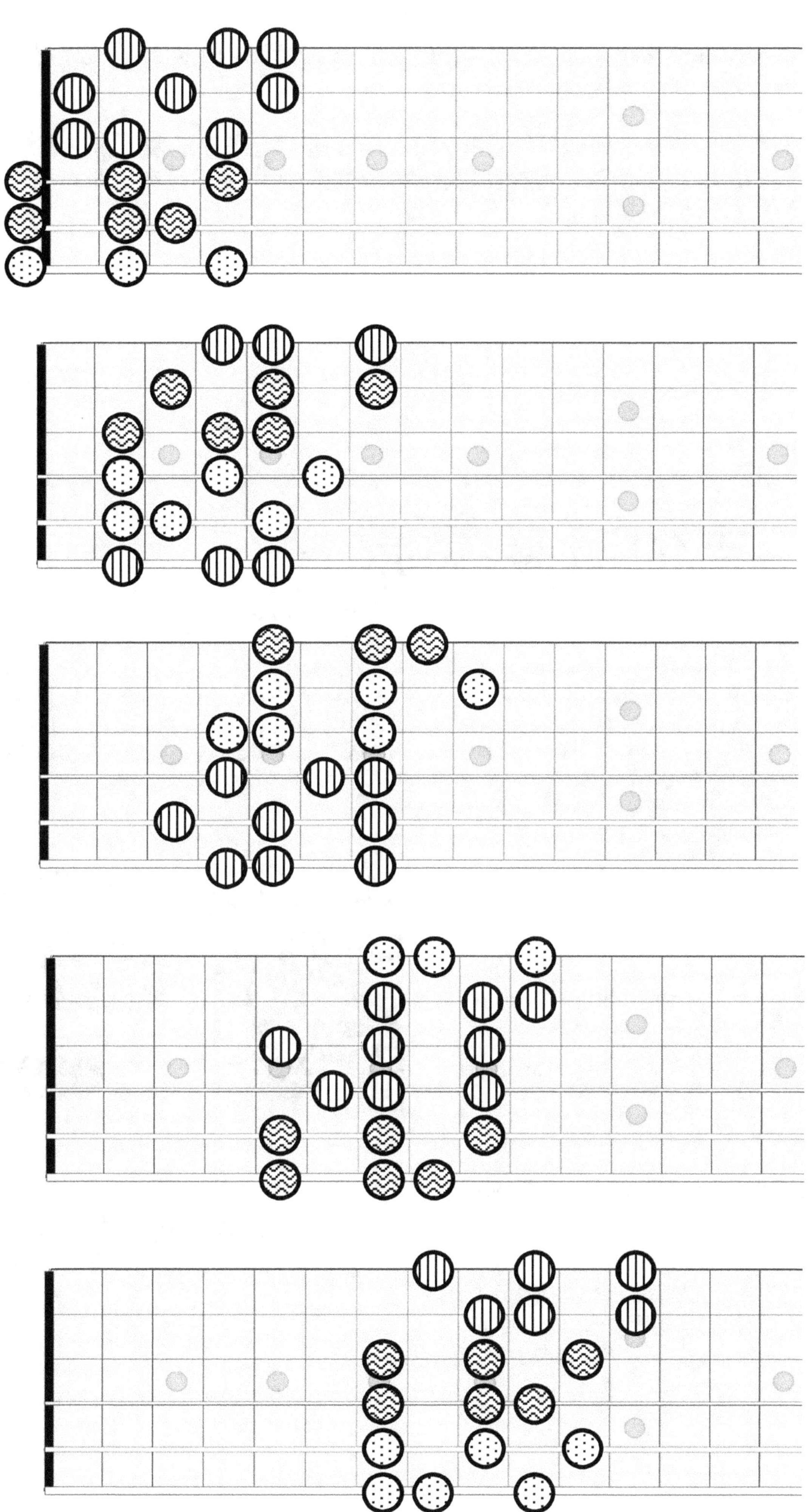

音階的部份在彈奏時，需注意主音的不同，會營造出的不同聲響與感覺，並用耳朵去分辨，才是最重要的。

本手冊所探討的是如何能單純且有效率的牢記相關音符的位置，減少死背所容易造成的記憶錯誤等等，因此各類音階的搭配與活用，不在本手冊討論範圍，請自行參考其他相關教材。

不拘時吉他演奏專輯

【電/木吉他演奏全創作音樂專輯】

· 收錄日本kizuna311.com使用製作震災MV的創作曲
「你從未孤單」

· 3首單曲進入iNmusic演奏類新曲排行Top10 達8週

自由自在的吉他演奏誠實的流露對世界的關懷
/ Selfkill 貝斯手 Ned

不管你是用Player或是聆聽者或其他身分去聆聽
這張 專輯，我相信都會得到一定的滿足
/ Sonic Deadhorse aka 小各（鄭各鈞）

專輯ＣＤ優惠碼：S20T1C301
憑此碼來信 email 購買專輯ＣＤ可享半價150及免運費

KKBox、myMusic、各大手機平台搜尋「不拘時」

iTunes上搜尋 Scott Su

或手機掃描行動
條碼開啓試聽

專輯ＣＤ購買可面交or超商取貨
請至 tw.ScottSu.net 專輯頁面

練習篇

第1章　移植到指板上的積木

音階積木已經可以倒畫如流了嗎？那麼接下來就開始把它移植到指板上進行練習了。

《練習方式1》指板上的個別積木練習

可以讓你更熟悉同把位上垂直方向的音符彼此的位置和距離。

1．由低音到高音彈奏，一邊彈一邊<u>念出音符的唱名</u>。反過來再由高音彈到低音，做一樣的練習。

音名	C	D	E	F	G	A	B
唱名	Do	Re	Mi	Fa	Sol	La	Si
簡譜	1	2	3	4	5	6	7

* 左手指代號：1-食指　2-中指　3-無名指　4-小指

*第 7 格積木 Track-3

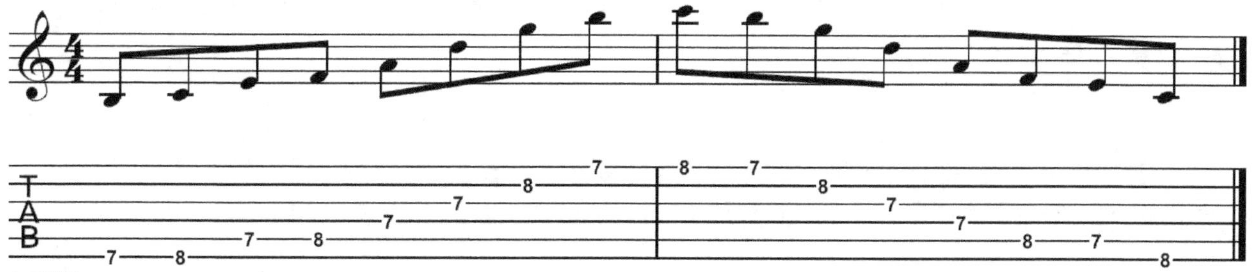

左手指：1 2 1 2 1 2 3 2 3 2 3 2 1 2 1 2

*第 10 格積木 Track-4

左手指：1 2 1 2 1 2 3 4 4 3 2 1 2 1 2 1

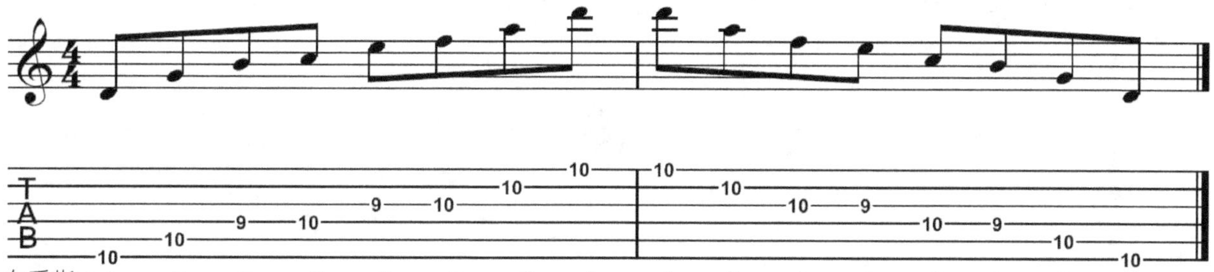

*第 12 格積木（與開放音同型） Track-5

左手指：1 2 1 2 1 2 3 2 3 2 3 2 1 2 1 2

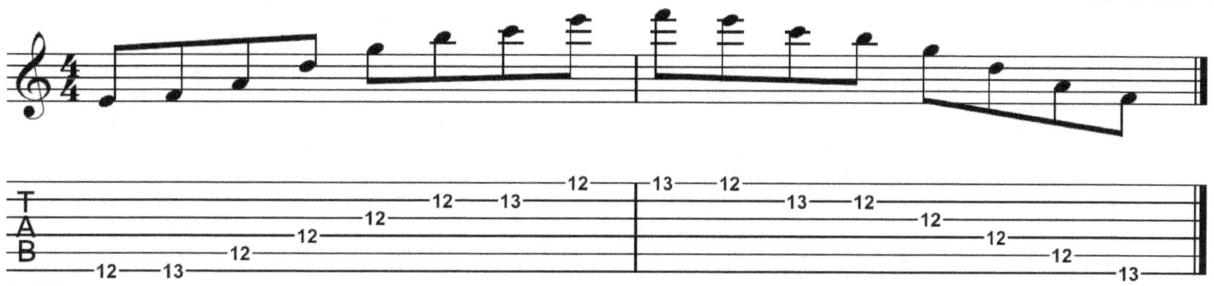

2．注意每一個積木所在的指板位置，利用指位記號幫助記憶（指位記號通常在第３５７９個琴格上會出現）

指位記號

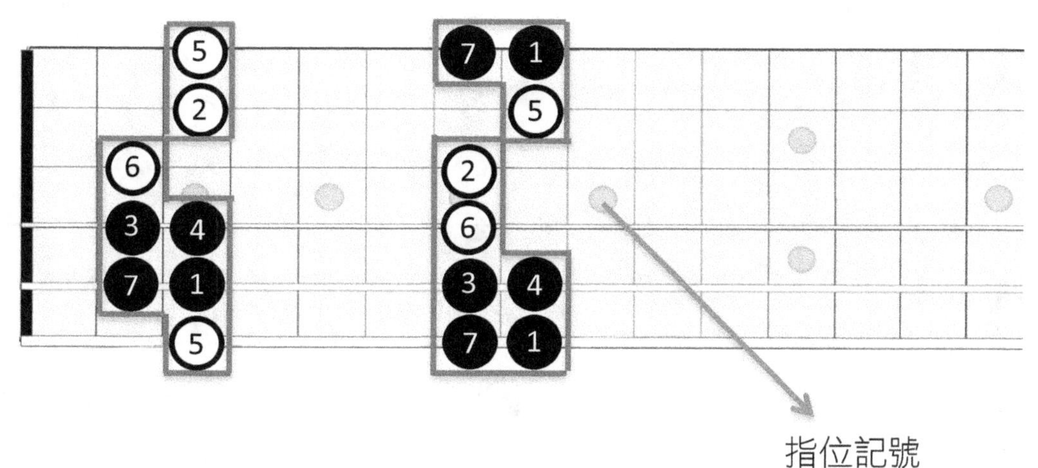

3．隨機的跳著練習不同的位置上的積木圖。可請一位朋友，隨機出題，當他說
『第 5 格』，你就必須彈出第 5 格上的積木，並一邊說出音符的唱名或音名，
請他幫你驗證是否正確。

4．如果上述方式都已經很熟悉，一直能夠正確無誤，那麼就可以進入進階版訓練：
直接隨便指一個位置，然後說出那是什麼音符。如下面的練習。

【小測驗】

請說出下面的音符的唱名與音名。（請控制自己不要從開放音來推算）

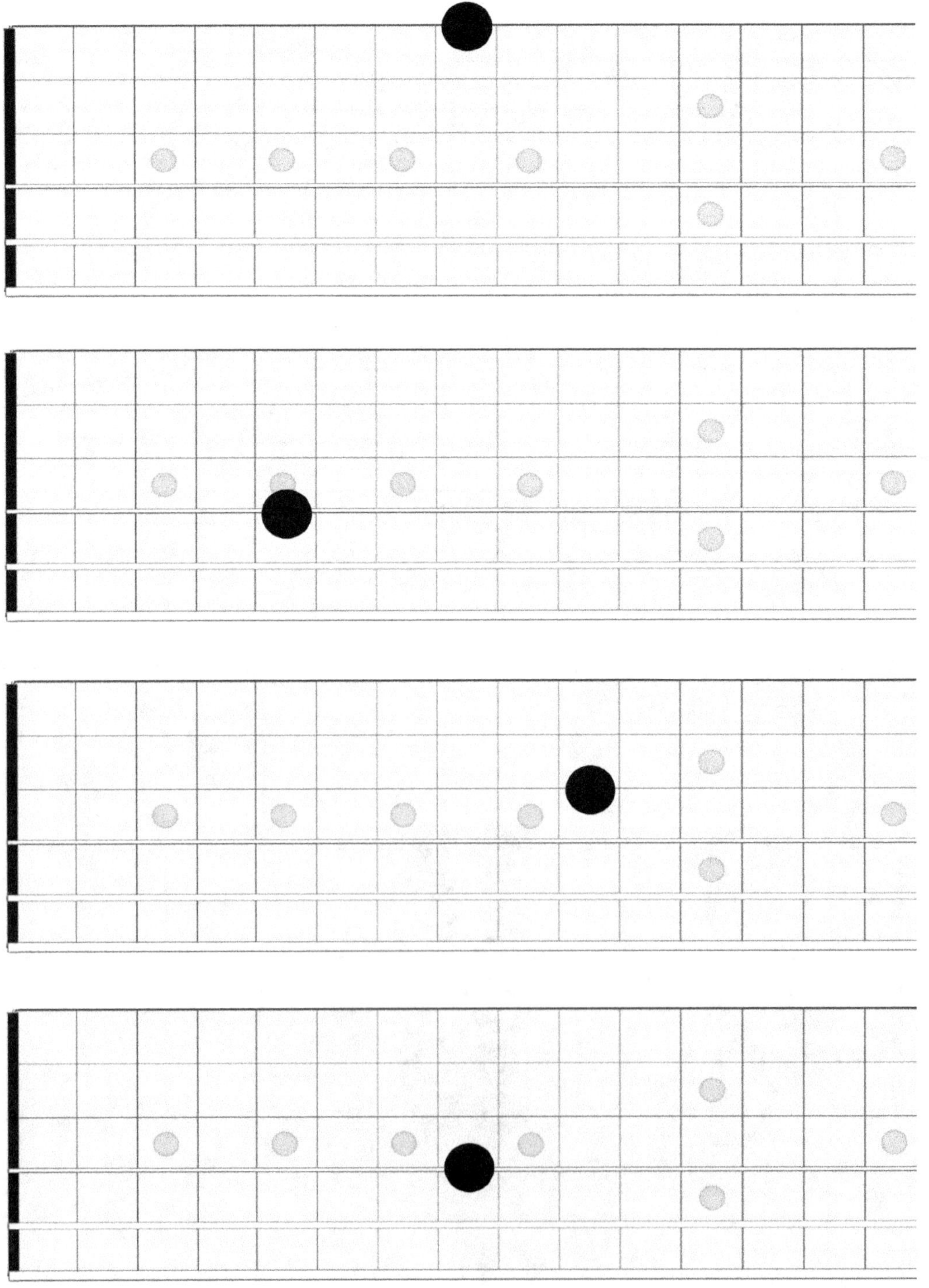

《練習方式 2》兩兩積木一組 Pattern 練習

也就是一般常見的 5 個 Pattern 練習，一樣由低音彈到高音，再由高音彈到低音，邊彈邊唱出音符的唱名，並想著 2 個積木圖在指板上的樣子。

例如：

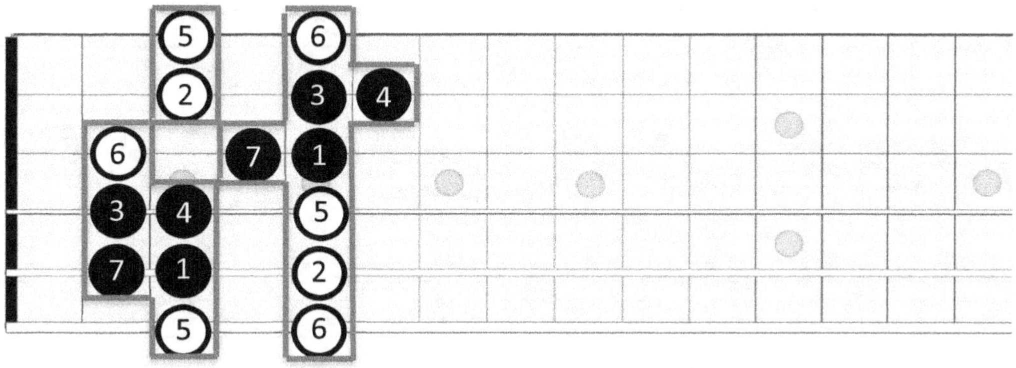

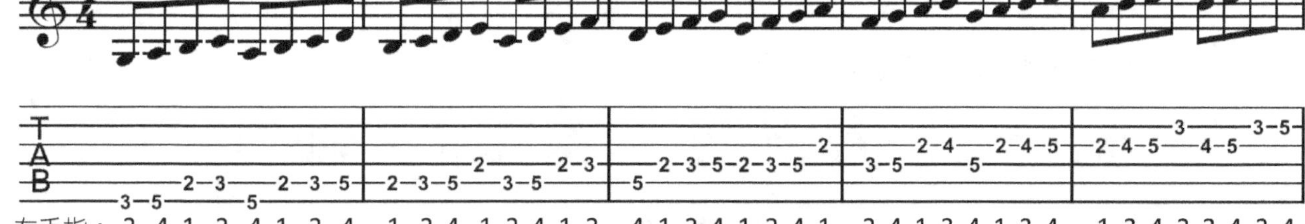

（1）　　♪ Track-6

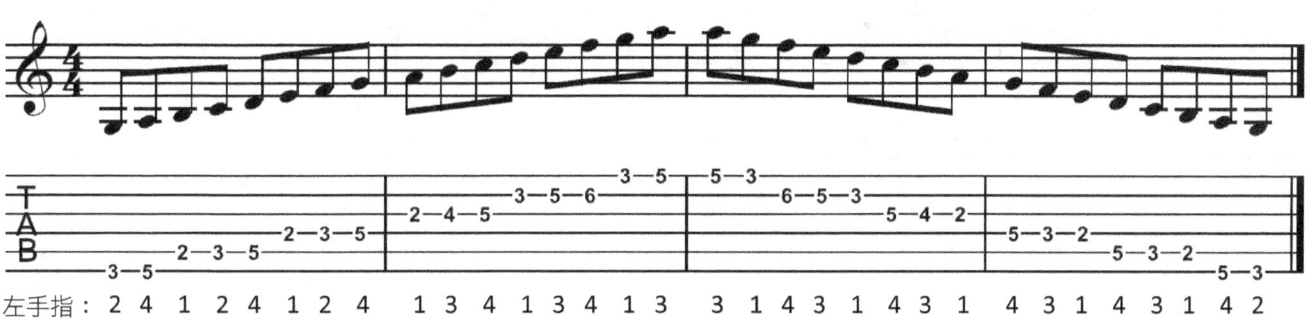

（2）　　♪ Track-7

(3)

Track-8

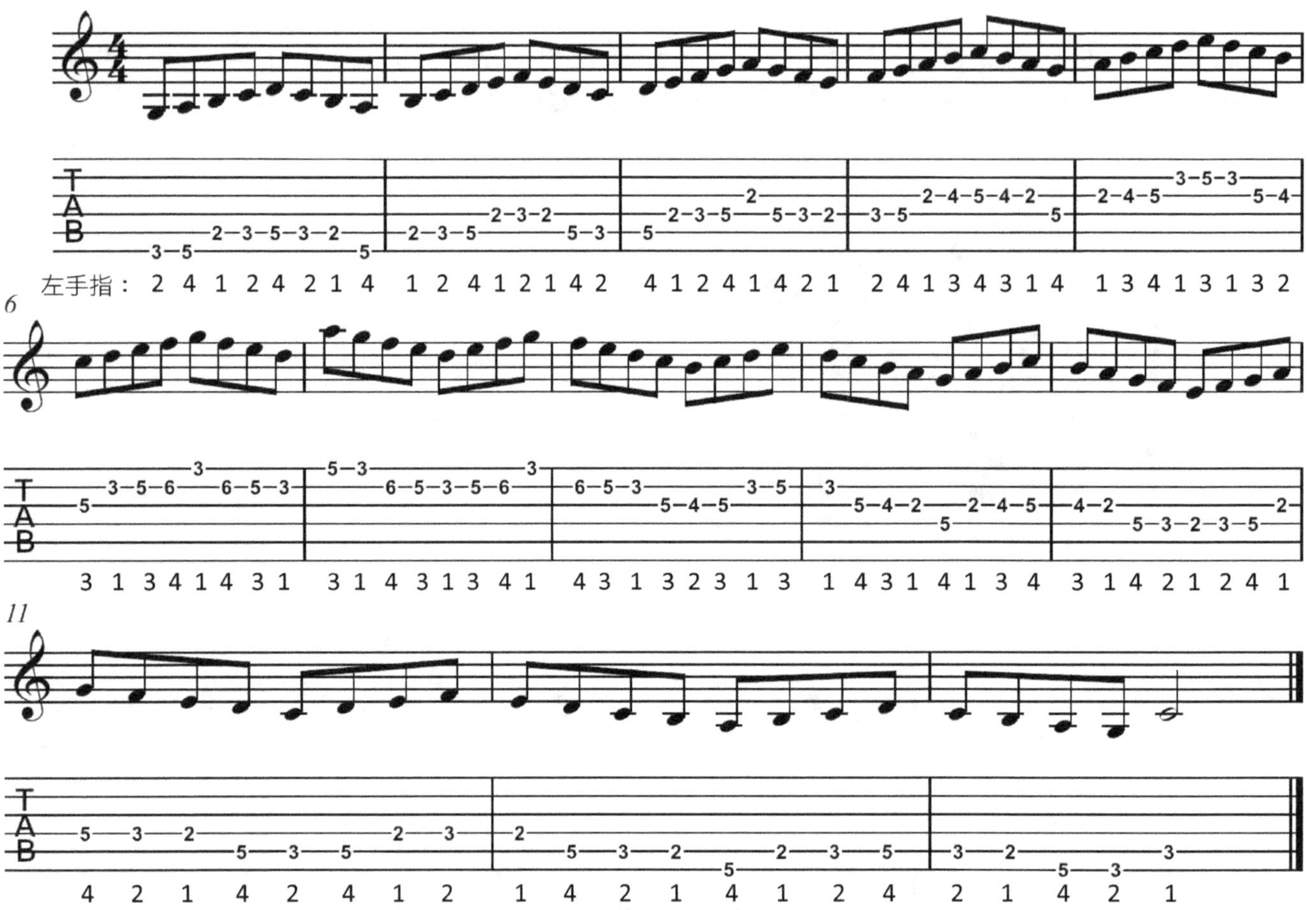

《練習方式 3》搭配和弦的練習

這是以讓你可以邊刷和弦邊彈插音為目標的練習。

1．先刷一個和弦，比如 C。

2．手移動到不同把位上的和弦根音，然後彈奏音階下行或上行。

3．再刷第二個和弦，比如 Am，重複第 2 步驟。

4．以和弦進行的方式來持續這樣的練習，彈單音音階時也可以選擇不同把位。

範例：

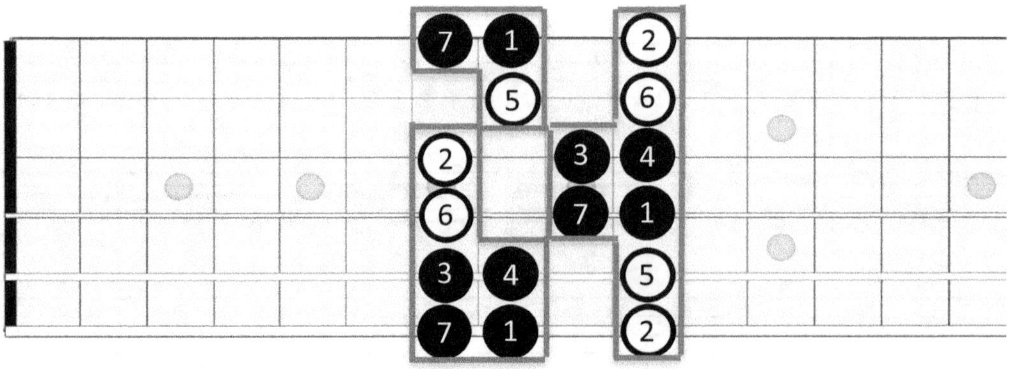

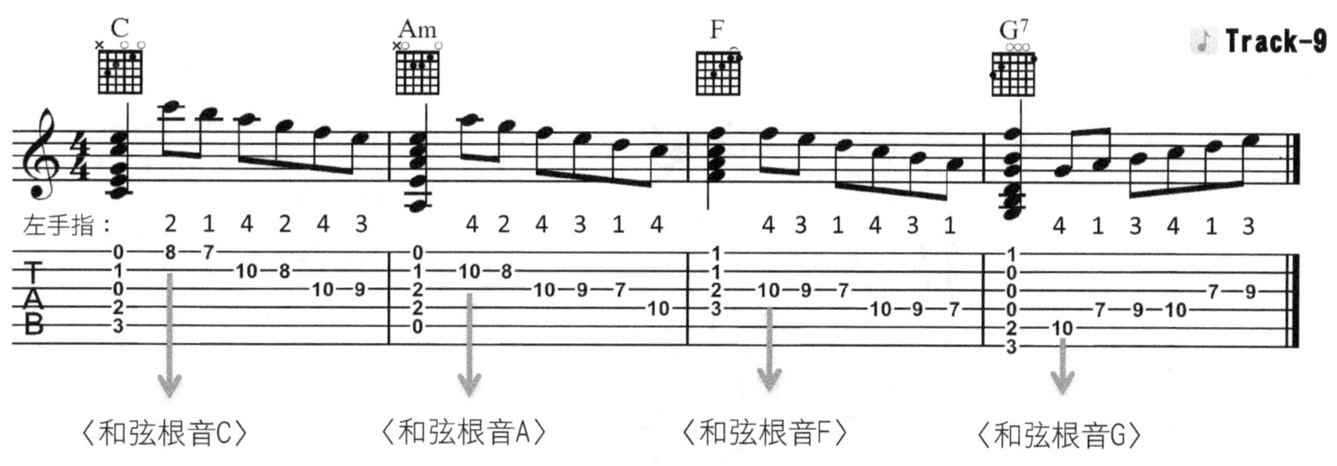

《練習方式4》在不同把位上彈同樣的歌曲旋律

比如以小星星的旋律來説，它的簡譜是：

$$|\ 1\ 1\ 5\ 5\ |\ 6\ 6\ 5\ -\ |\ 4\ 4\ 3\ 3\ |\ 2\ 2\ 1\ -\ |$$

$$|\ 5\ 5\ 4\ 4\ |\ 3\ 3\ 2\ -\ |\ 5\ 5\ 4\ 4\ |\ 3\ 3\ 2\ -\ |$$

$$|\ 1\ 1\ 5\ 5\ |\ 6\ 6\ 5\ -\ |\ 4\ 4\ 3\ 3\ |\ 2\ 2\ 1\ -\ |$$

我們可以分別在以下的 Pattern 把位彈奏：

（1）這 Pattern 有 2 組可以彈奏。

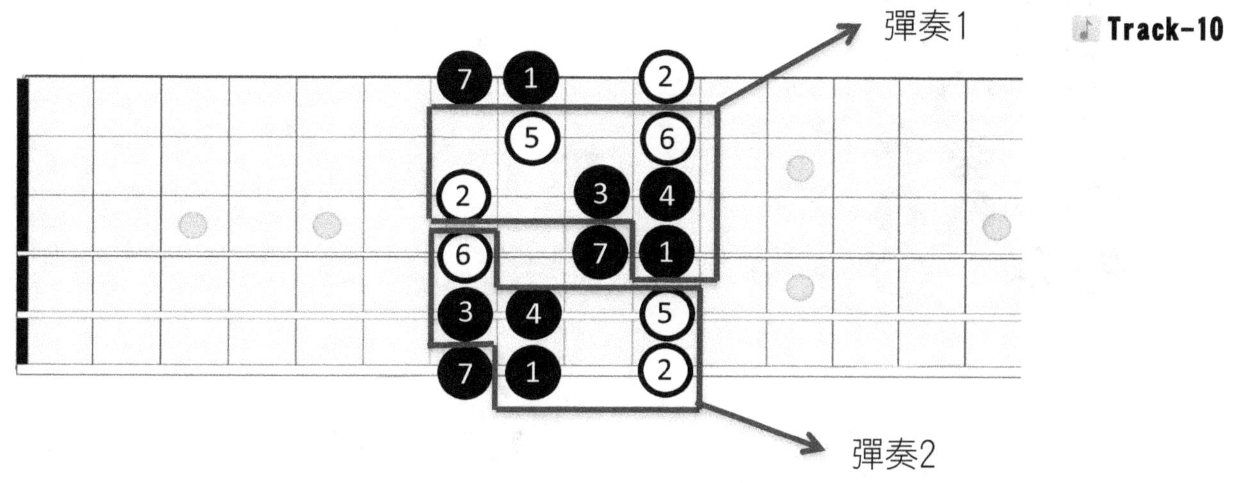

（2）這 Pattern 也有 2 組可以彈奏，自己找找看喔。

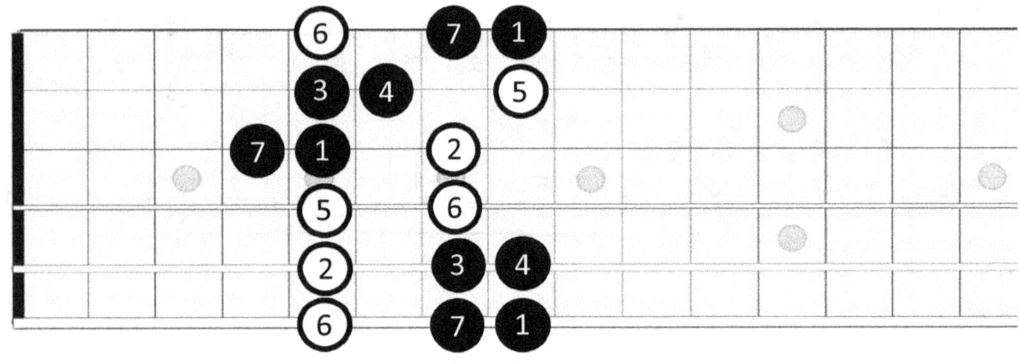

（3）這 Pattern 也有 2 組可以彈奏。

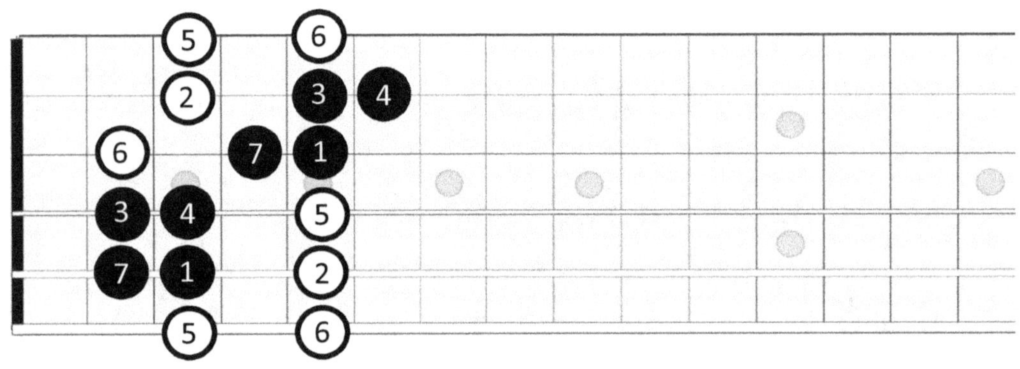

（4）這 Pattern 有 1 組可以彈奏。

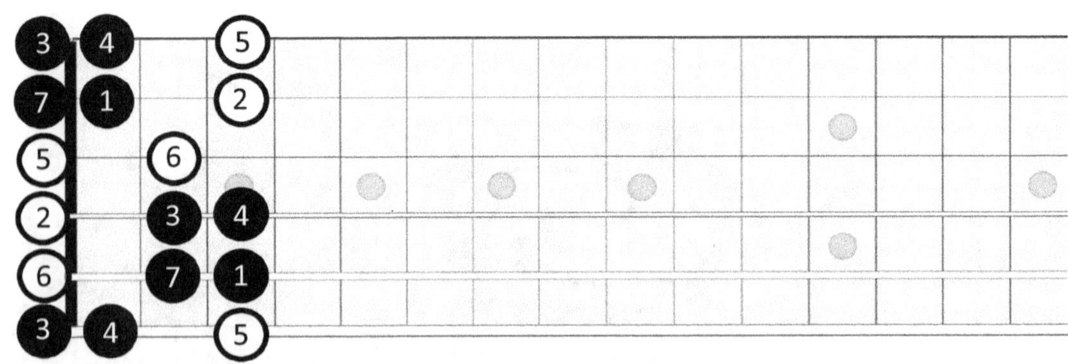

接下來可以繼續用其他簡單的歌，如小蜜蜂，造飛機，或是翻開其他流行歌曲教材彈奏歌曲的旋律簡譜來練習囉。

第 2 章　　積木的平移

前面我們所使用的指型圖案，是屬於無升降記號的 C 大調音階格式圖，只是並不是每一首音樂都是 C 調，遇到別的調的音樂，該怎麼辦？在吉他上只要把音階積木圖做橫向的平移就可以了。

這就是所謂的**移調**，對於指板和積木圖的熟悉，也是很好的練習。

《練習方式》

1. 先將 C 大調的積木圖平移

假設我們要彈的音樂是 G 大調，那麼就將主音 1 的位置平移到 G 的音符上，這樣所顯示的積木圖就是 G 大調的圖案了。

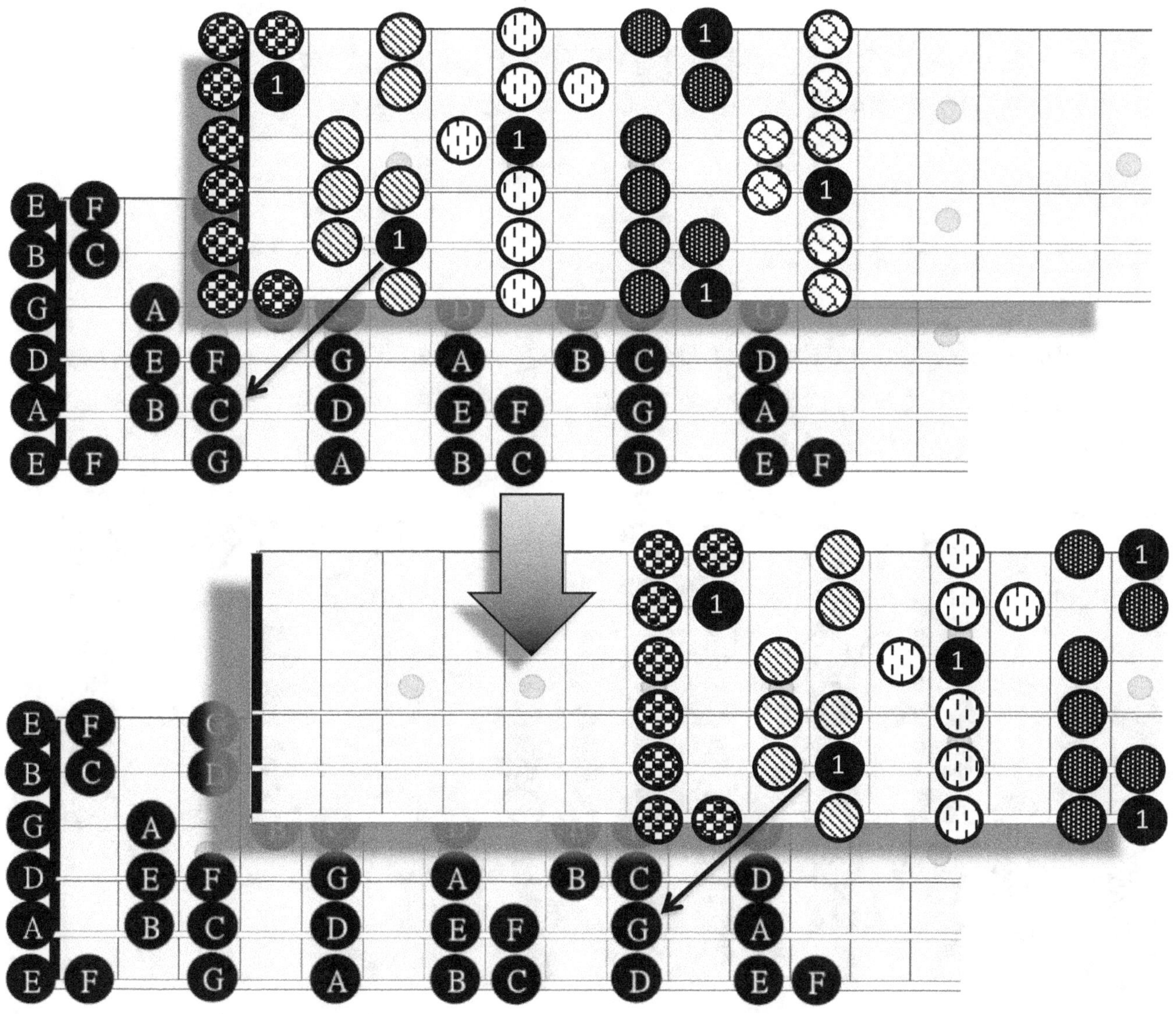

2. 補上前面該有的音階積木圖循環

原本前面空白的地方當然有音符，照著積木圖循環把它補上就可以了。

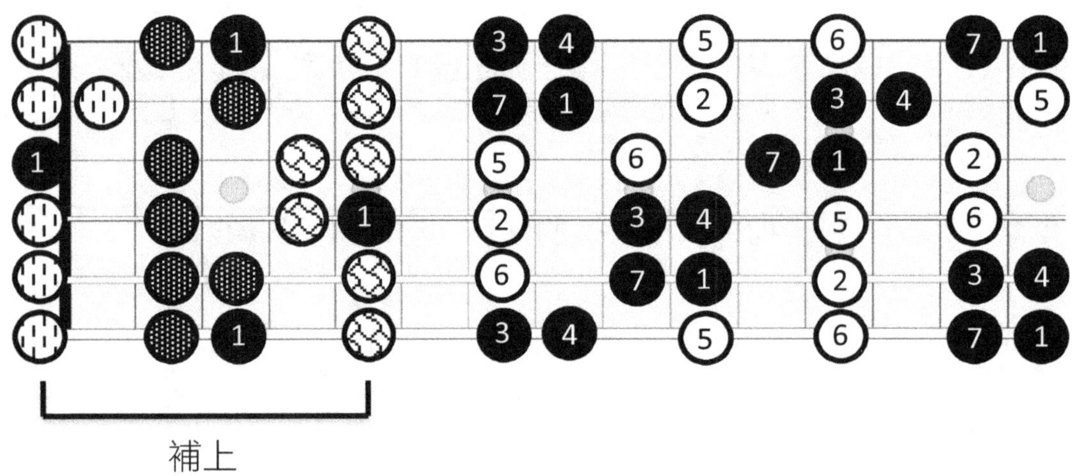

補上

3. 指板上的練習

照著前一章的練習順序練習看看，其實圖形沒變，只是位置改變，多加練習很快
就可以習慣圖案這樣的循環變化。

4. 其他大調音階的練習

你可以先從比較常見的調開始練習看看，像是 A 調，D 調，E 調，也算是比較
常用到的調性。練習的調性稍微多了點後，就會發現積木圖的循環越來越容易呈
現了！

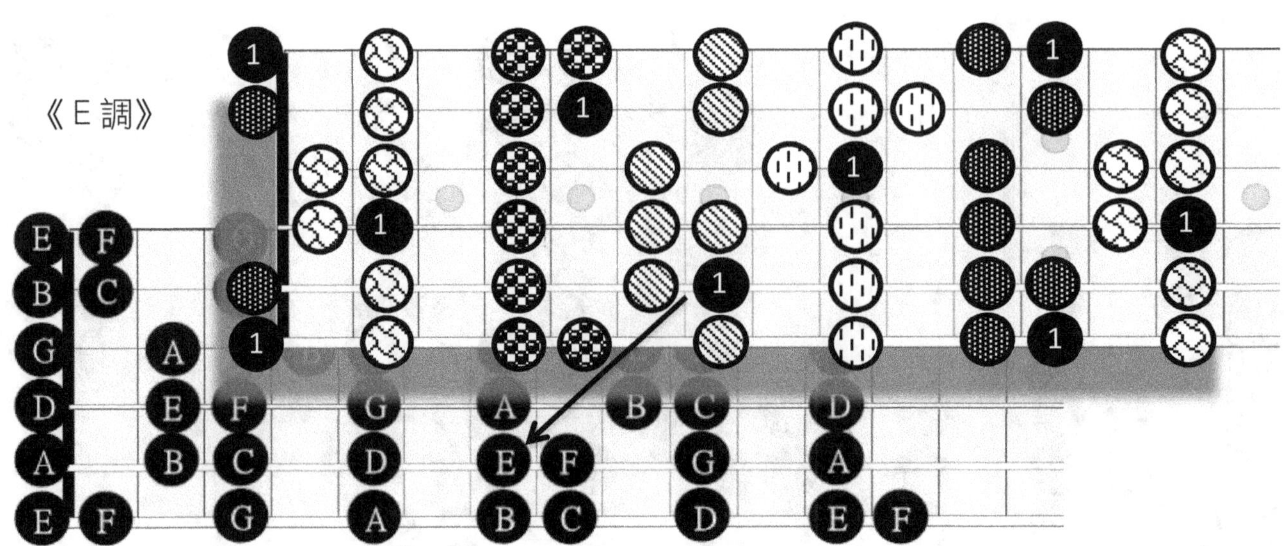

《A 調》

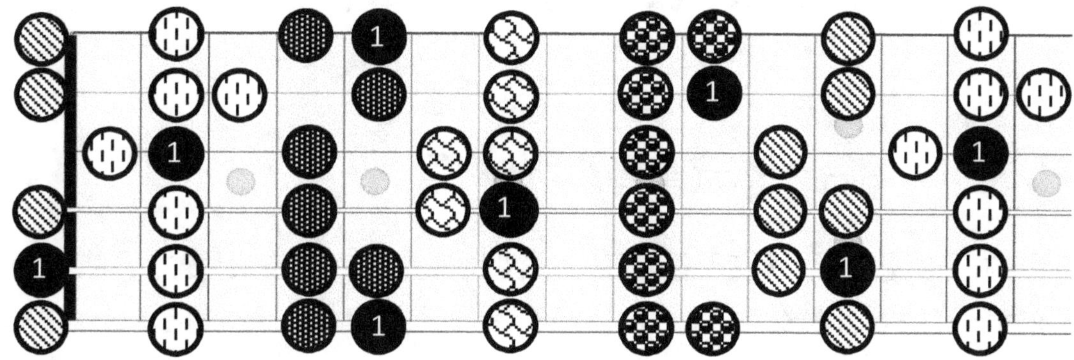

《D 調》

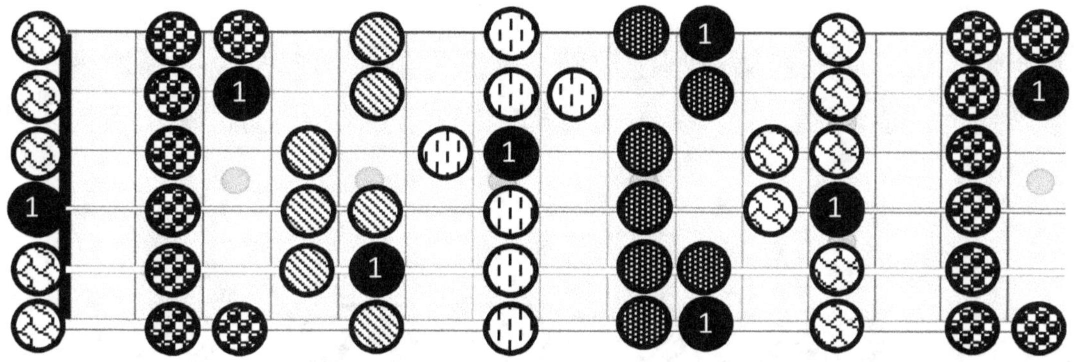

小問題解説

☆ 為什麼移調只要平移圖案到不同琴格上就可以了呢？數字也不用變？

首先先說明數字。數字是簡譜符號，也就是表示大調音階的第幾個音。比如說 1 在 C 調時，表示的是 C 這個音，但在 G 調時，表示的就是 G 這個音，音符可以如下表對照：

簡譜	1	2	3	4	5	6	7
C調	C	D	E	F	G	A	B
G調	G	A	B	C	D	E	F#

這樣一來，你也可以發現為什麼只要平移圖案就可以了喔，是嗎？直接在固定調的指板圖上圈圈看 G 調音階的積木圖，就可以知道答案了喔。

第3章　結合其他圖案的積木

《練習方式1》結合一弦三音循環圖的練習

一弦三音的循環圖為了方便記憶，每條弦彼此都是設定完全四度的調弦，所以碰到第二弦第三弦跨越時必須移動 1 格來符合真正的指型；但是積木圖就完全不需修正就可以使用，這兩種圖各有優缺，應用功能上又可以互補，所以分別熟悉後要將它們結合，熟悉指板就會更有效率！

以應用上來說，一弦三音循環圖比較適合作順階的旋律演奏，而積木圖則比較適合作跨弦或是各種琶音上的演奏；兩者都能熟悉的話，形同打通了吉他內功上的任督二脈！

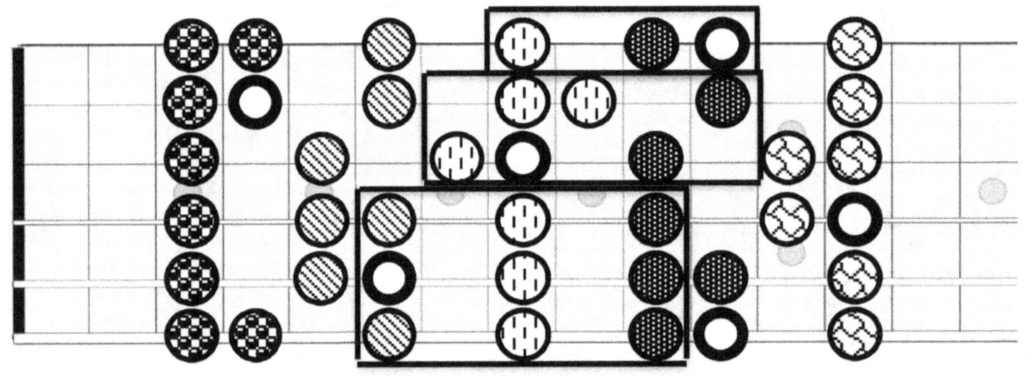

【小測驗】

請框出下方指型屬於哪種積木圖，並將不全的積木圖案補上。

<1>

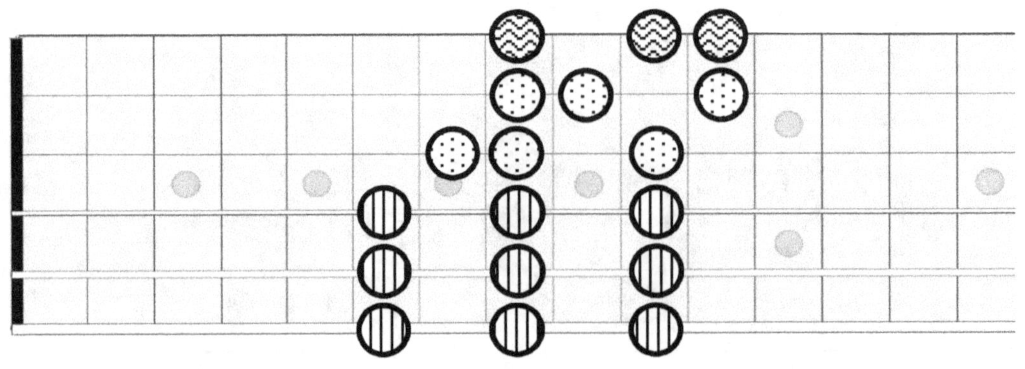

<2>

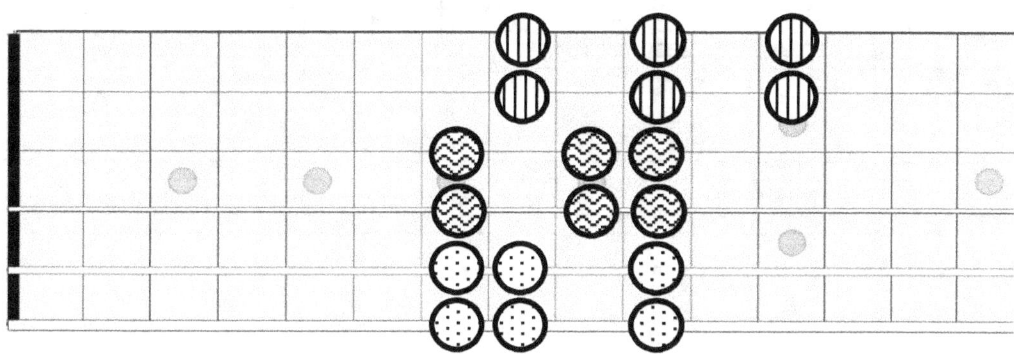

<3>

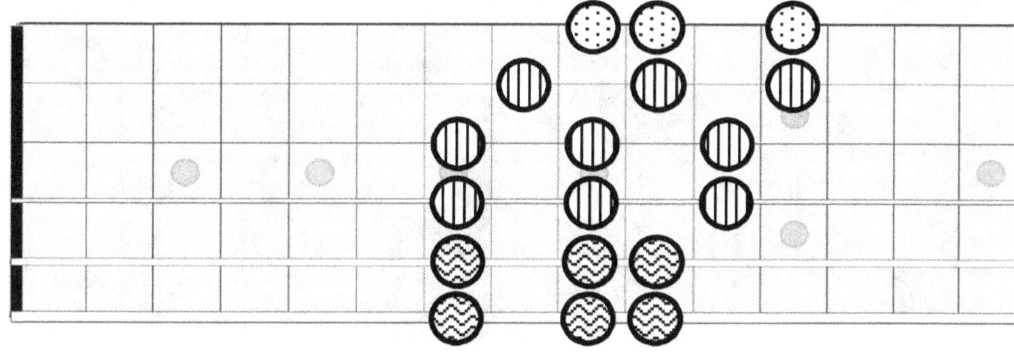

[任督二脈打通後的範例]

<1>

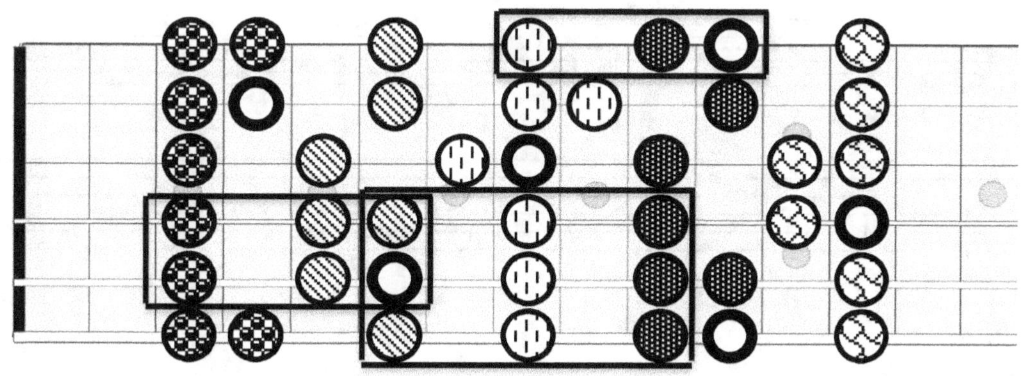

這個範例中，下方的循環圖指型是以滑音作連接，中間再以琶音的方式連接到上方第 1 弦的 3 個音去，再以琶音回到下方循環圖指型，最後滑音到另一循環圖指型結束。

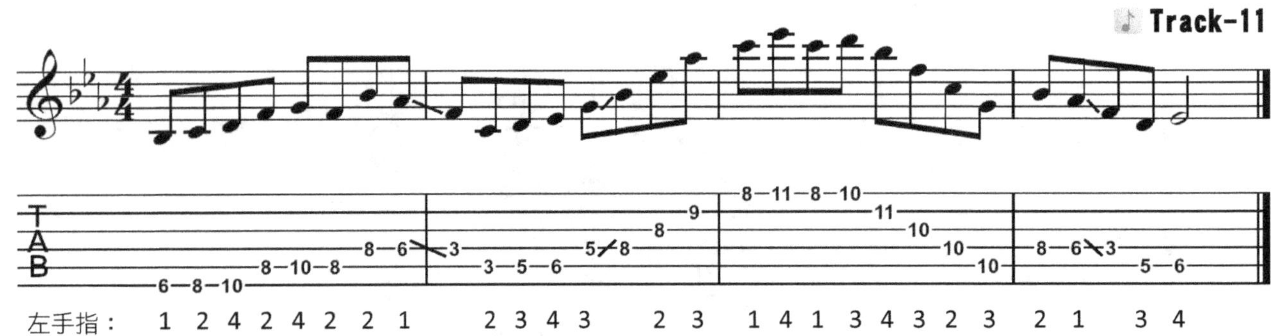

〈2〉

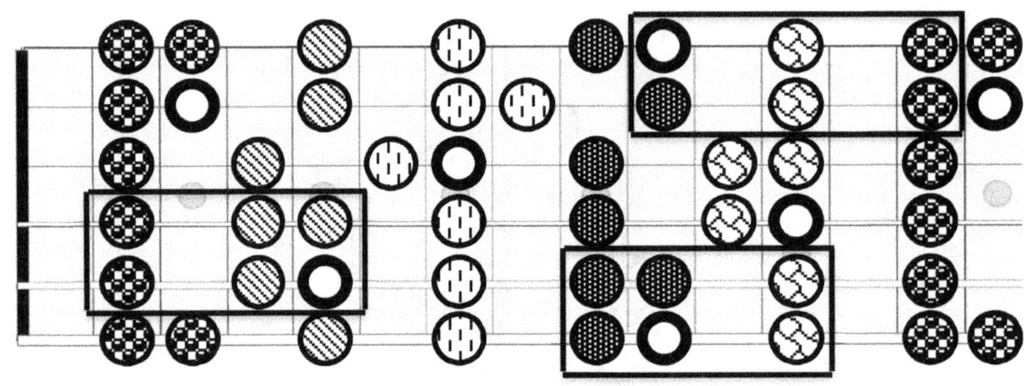

這個範例先從高把位的第 6 弦第 10 格低音開始，用琶音向上演奏到第 1 弦第 12 格高音，再琶音向下回到剛的循環圖指型，最後滑音到低把位的第 4 弦第 4 格低音，然後結束在 D 音。

《練習方式2》 結合八度音的練習

在彈奏旋律時加入八度音程的跳進音符。

<1>

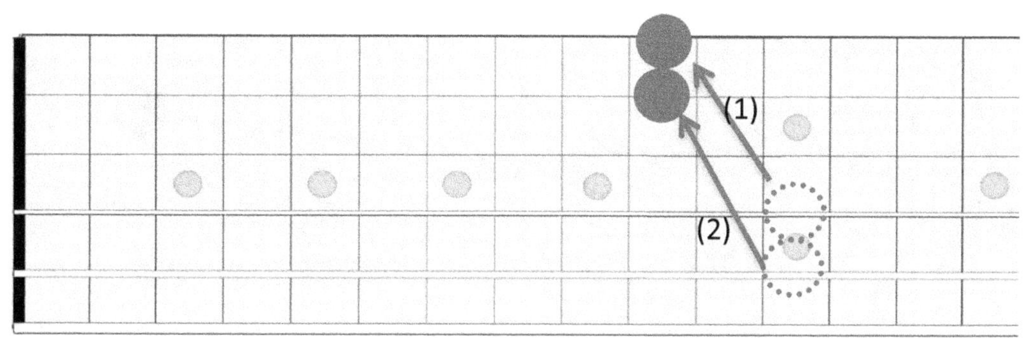

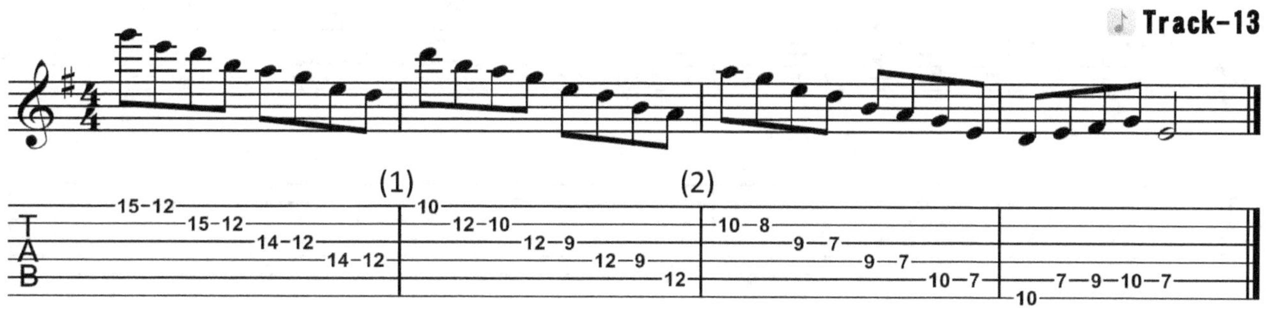

<2>

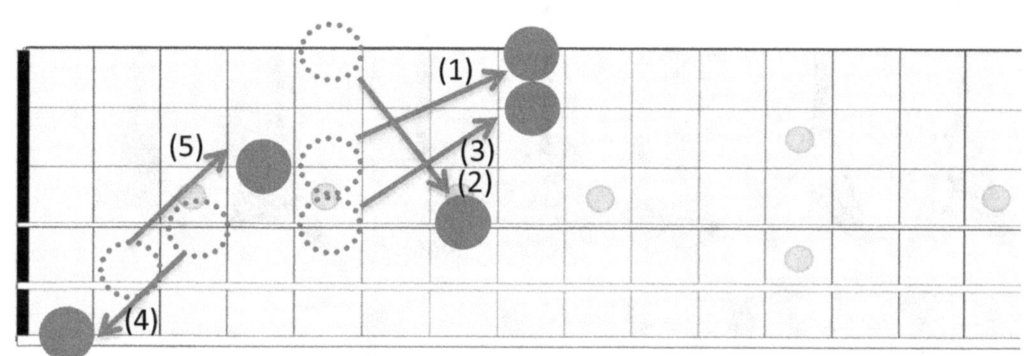

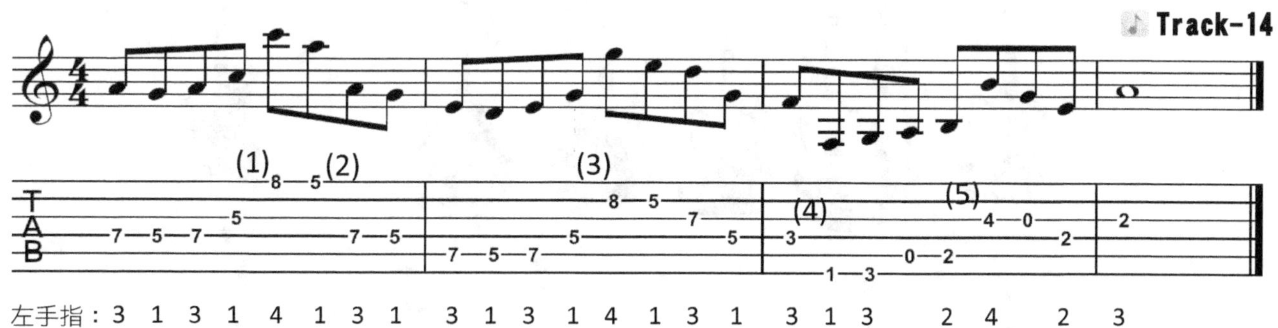

<3>　利用八度音跳至另一個把位彈奏

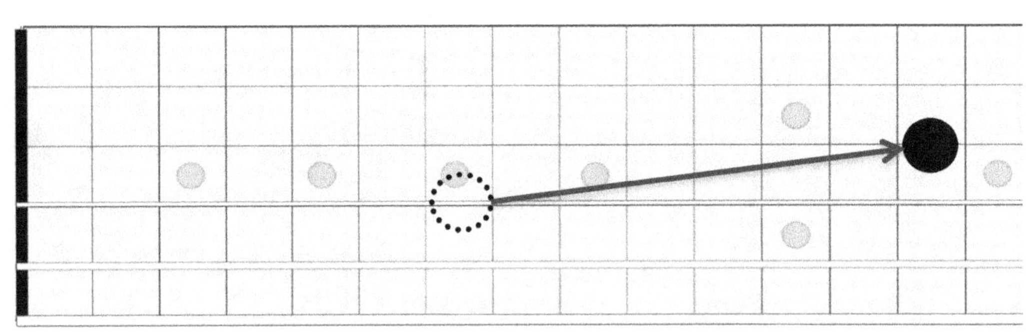

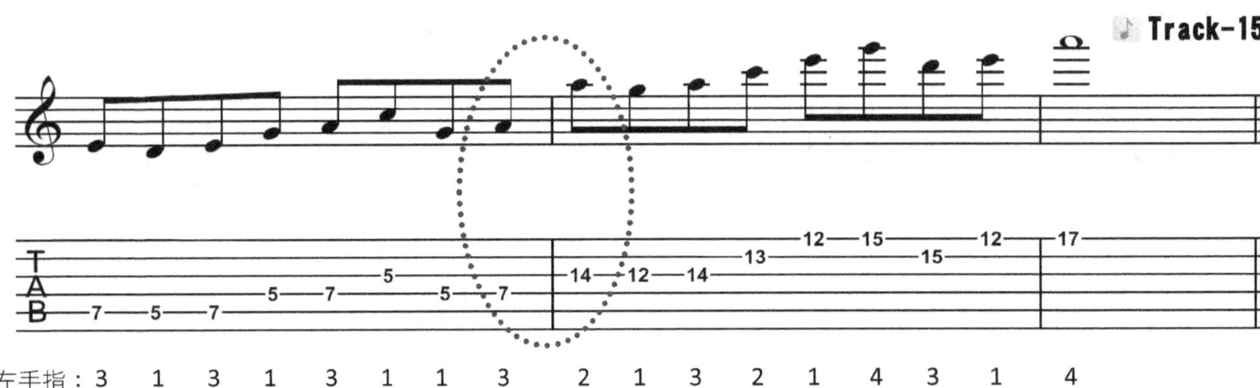

Track-15
12—15   12—17
13   15
14—12—14
14
7—5—7   5—7   5—7
左手指：3 1 3 1 3 1 1 3   2 1 3 2 1 4 3 1   4

應用篇

第1章　音程與雙音的使用

應用篇的使用和練習，除了一些增加演奏內功的使用外，也可以幫助指板的熟悉。

《完全五度 & 完全四度》

● 五度和四度的雙音時常在搖滾樂中以強力和絃（Power Chord）的方式來呈現。

● 要在指板上找到 1 個音符的完全五度音有 2 種方式：

　（a）當食指按住已知音符時
　（b）當不是食指按住已知音符時

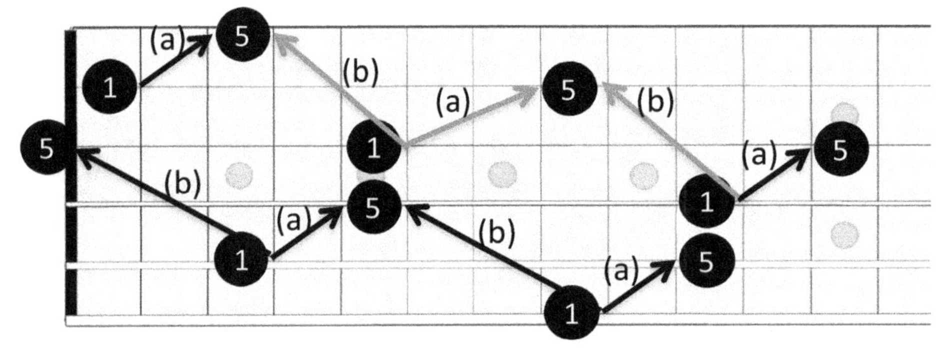

左手指：
```
3
1
```

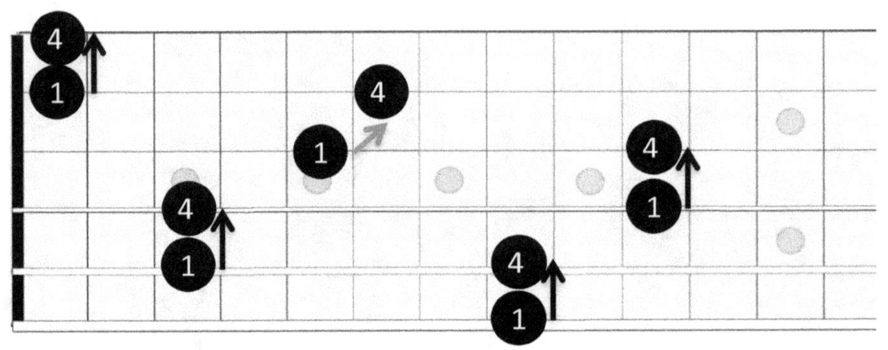

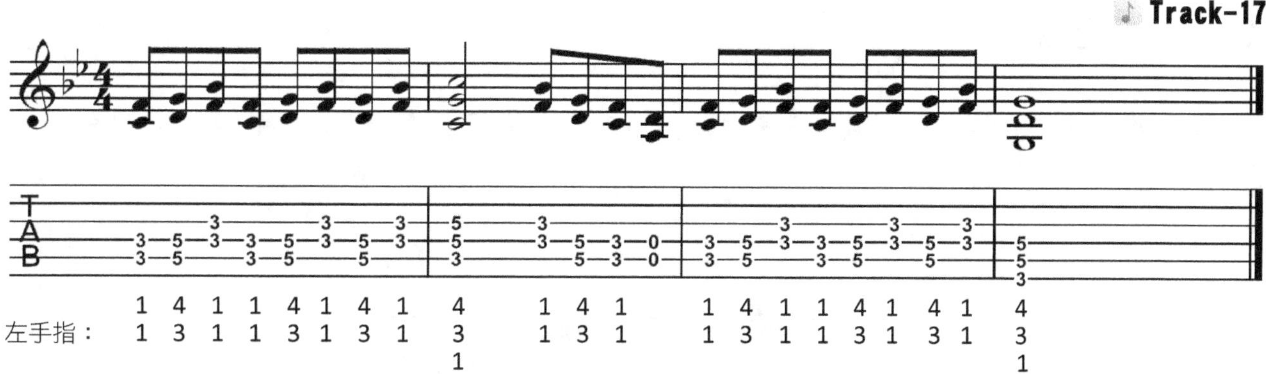

左手指：

☆ 請注意有橫跨到第二弦時，琴格會有變動 1 格的狀況。

《大/小三度》

● 三度的距離非常適合拿來做雙音的演奏，因為和絃是由音符做三度相疊而成。

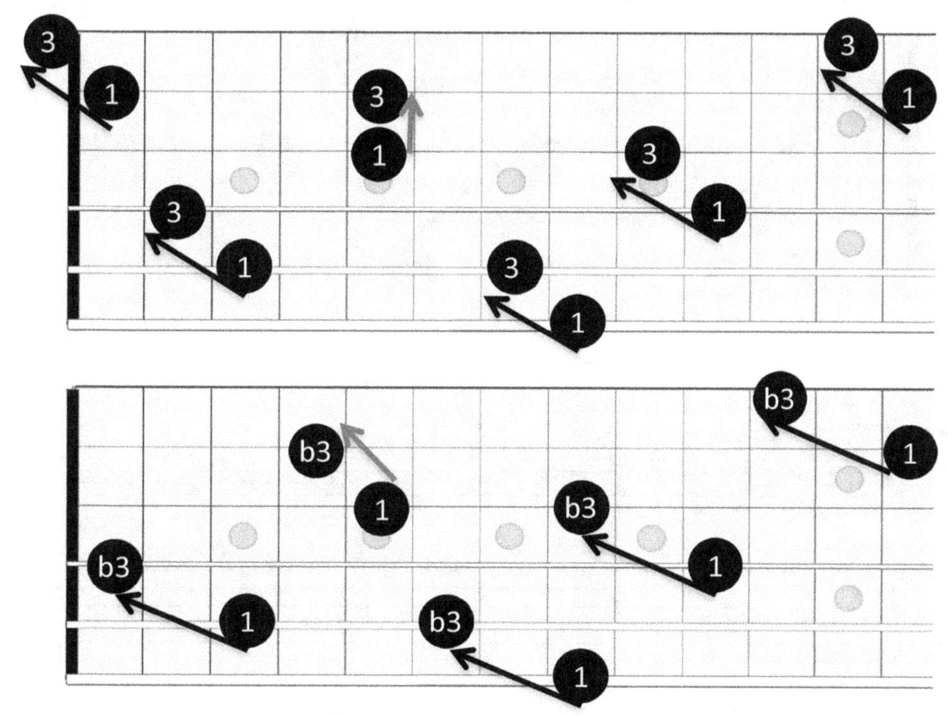

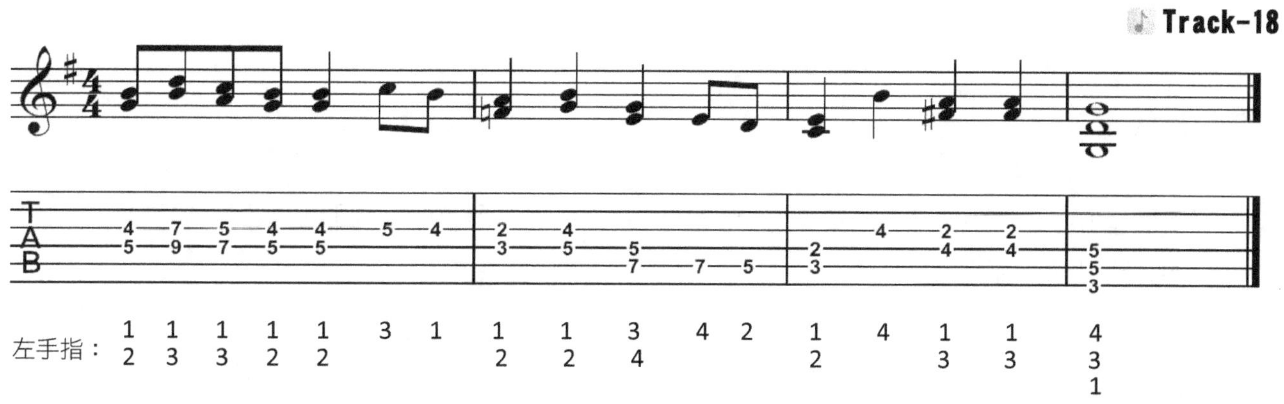

左手指：

《大/小六度》

● 六度的距離也非常適合拿來做雙音的演奏，因為它也是三度的轉位，但是有不同的風味。

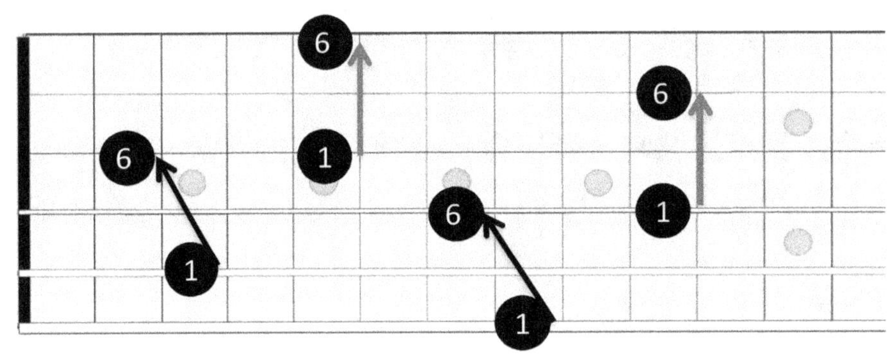

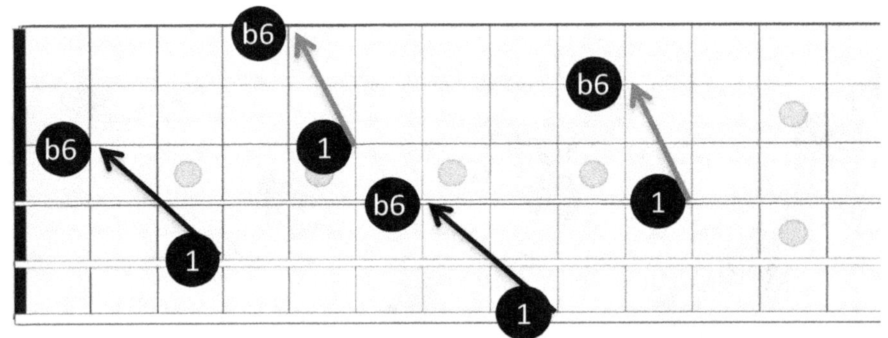

《完全八度》

● 八度雙音的演奏也經常用在爵士音樂中，搭配右手使用大拇指撥弦，更有 Smooth Jazz 的味道。

《大/小七度》

● 由於現代和絃中大小七度的音經常被使用到，並且它帶有特別的色彩和張力，所以熟悉他的位置也是十分重要的。

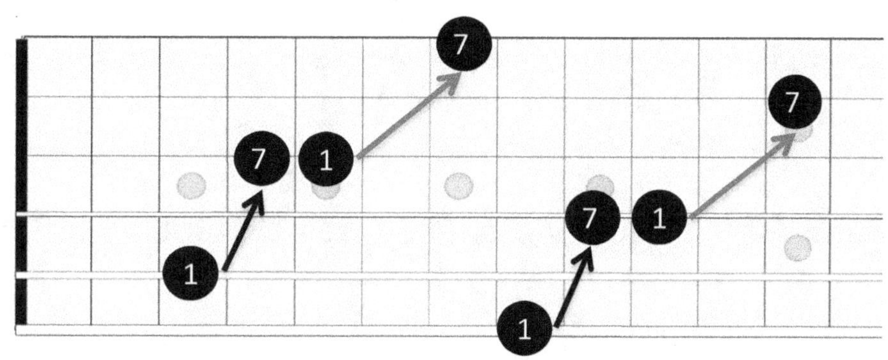

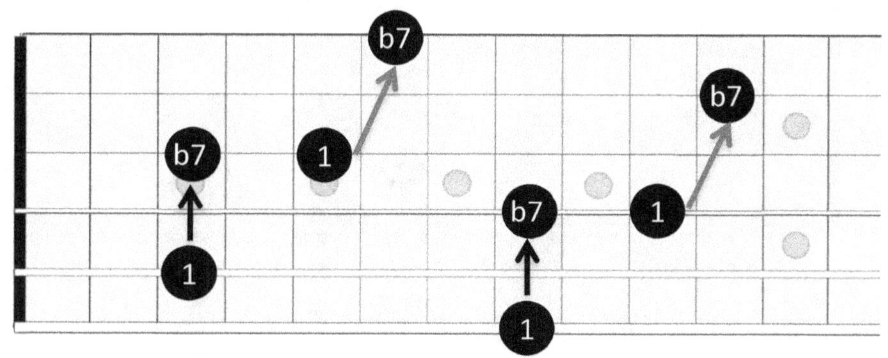

第2章　和絃與插音演奏

《原位和絃》

我們以大三和絃為基礎，可以依照左手能夠按和絃的方式，歸納出要按出 1 個和絃時，可以有 5 個基本的按弦方式。

(a)根音放在第六弦時，可以（1）食指按住根音，或是（2）不使用食指按根音，2 種方式。

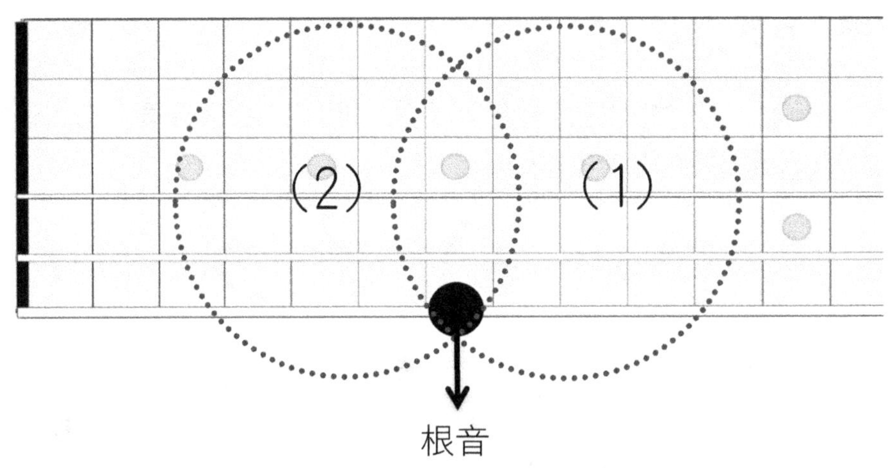

(b)根音放在第五弦時，可以（3）食指按住根音，或是（4）不使用食指按根音，2 種方式。

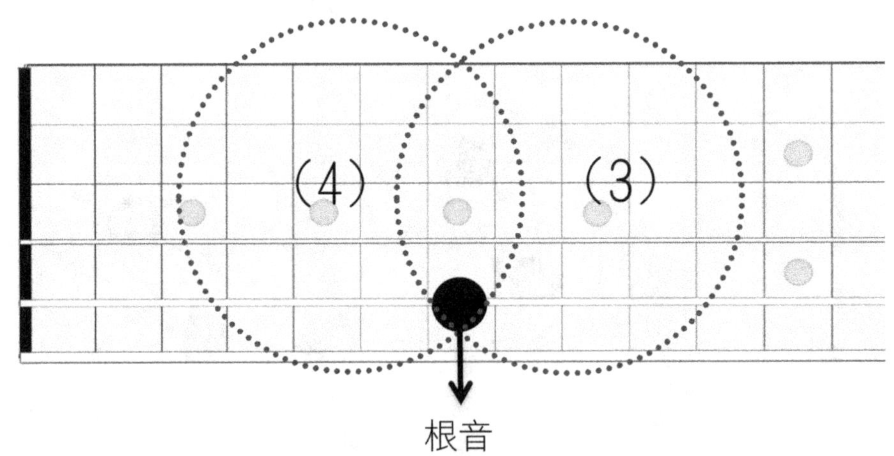

(c)根音放在第四弦時，可以（5）食指按住根音，但是（6）不使用食指按根音的指型，會和（1）重複，所以這裡只有 1 種方式。

把這 5 種按弦方式都平移到開放把位，就會發現他們是 5 個和絃的指型，也就是 E、G、A、C、D。

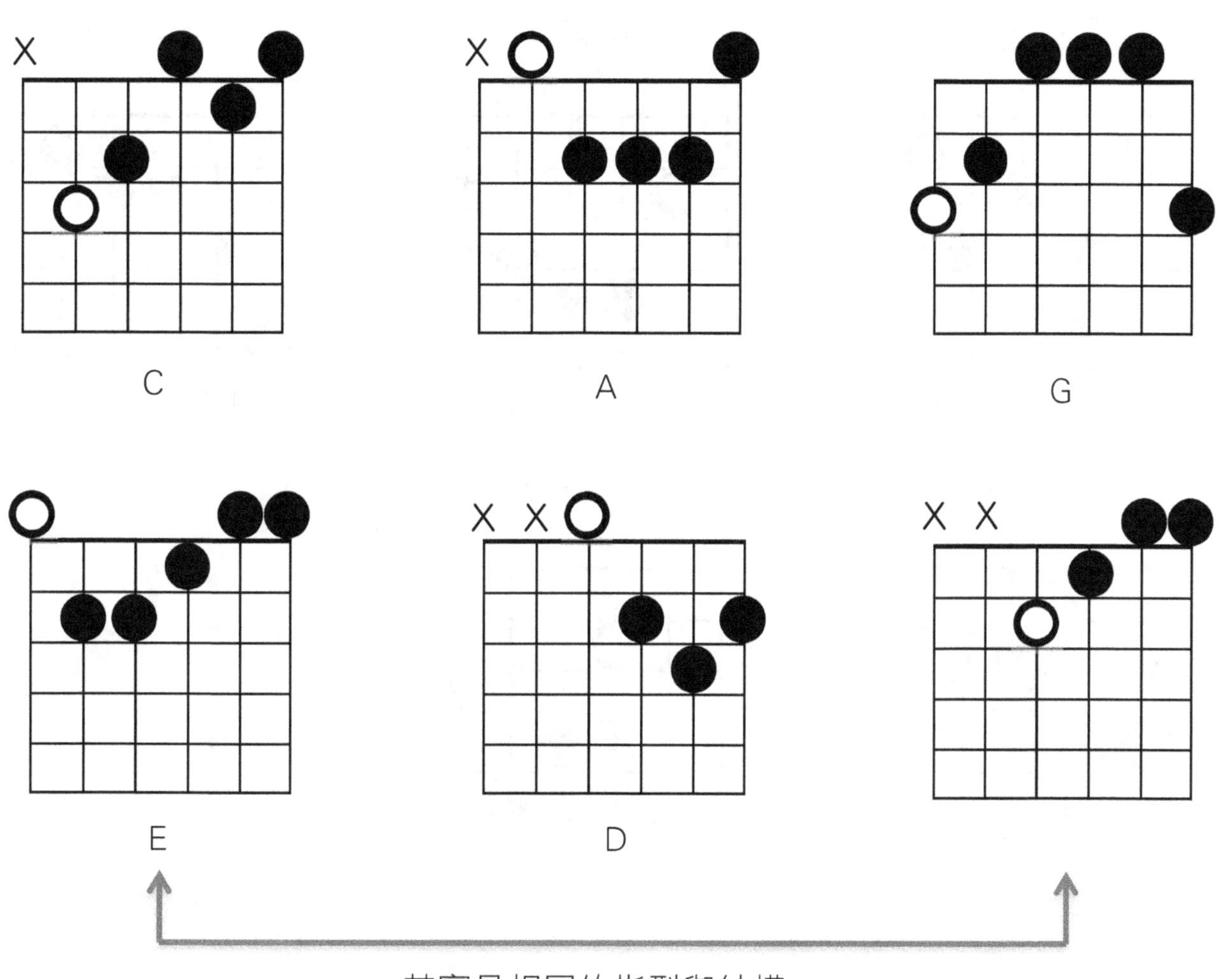

其實是相同的指型與結構

所以，一個大三和絃就可以有 5 種不同位置和把位的指型可以按。如下範例：

C 和絃

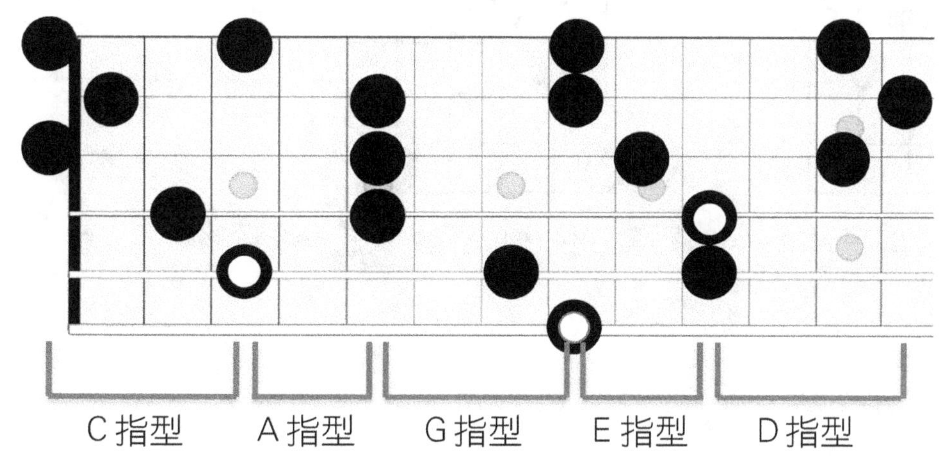

小三和絃的指型就直接從這些指型中去變化，把每個大三和絃的 3 音變成 b3。

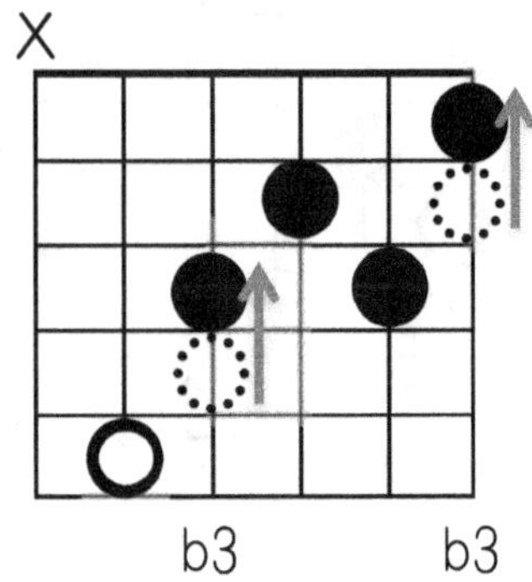

C 指型變化

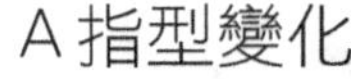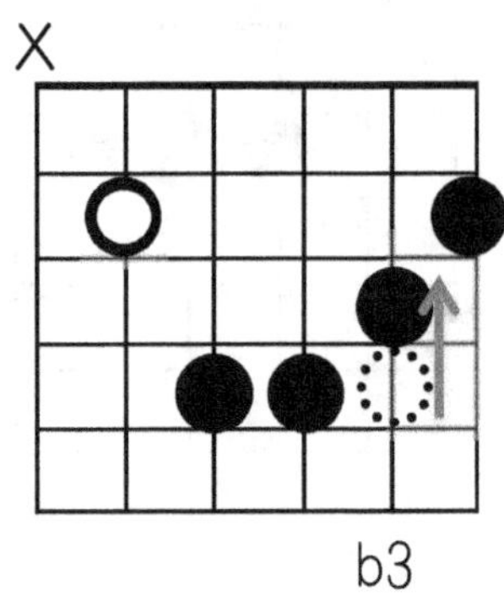

A 指型變化

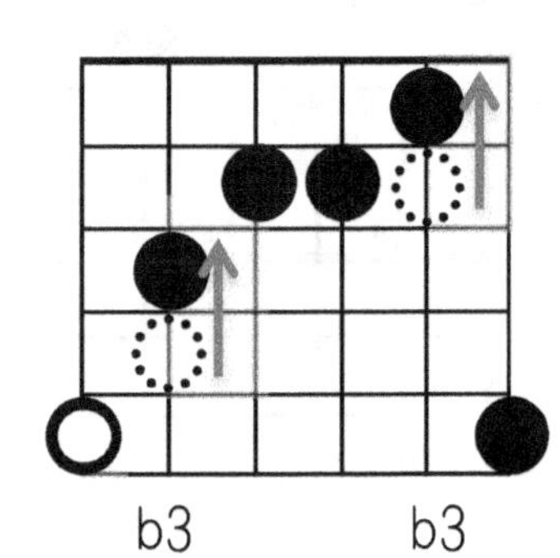

G 指型變化

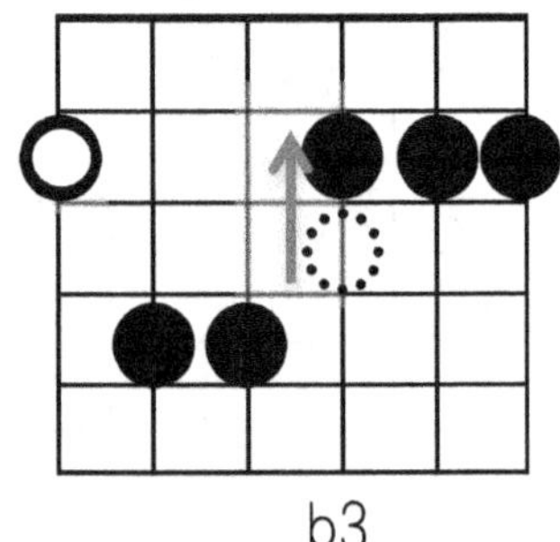

E 指型變化

D 指型變化

將不順手的指型做修正：

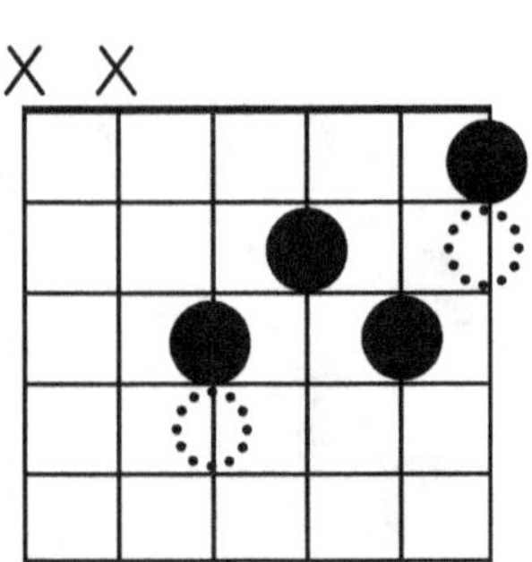

C 指型變化修正

省略第五弦的根音

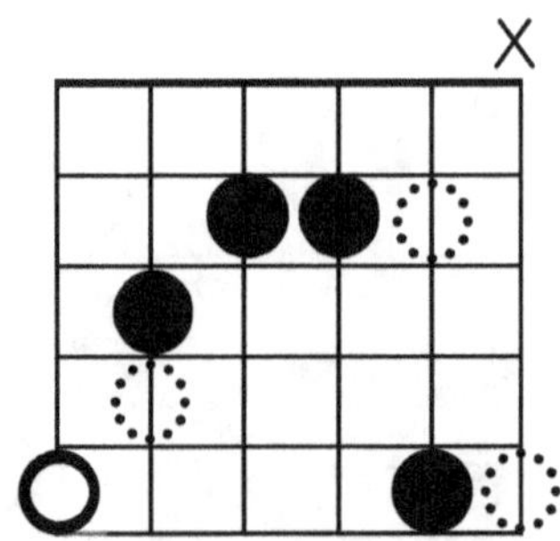

G 指型變化修正

把第二弦按成五音，第一弦省略

《順階和絃根音與音階圖》

順階和絃是以音階上的音符按順序排列並且三度相疊組成，根音在吉他指板上大都會放在第四五六弦上，因此我們只列出用來當根音的音階位置就好。

比較常見的根音位置選擇如下：

（1）主音為根音時，由第六弦出發（圖為 A 調）

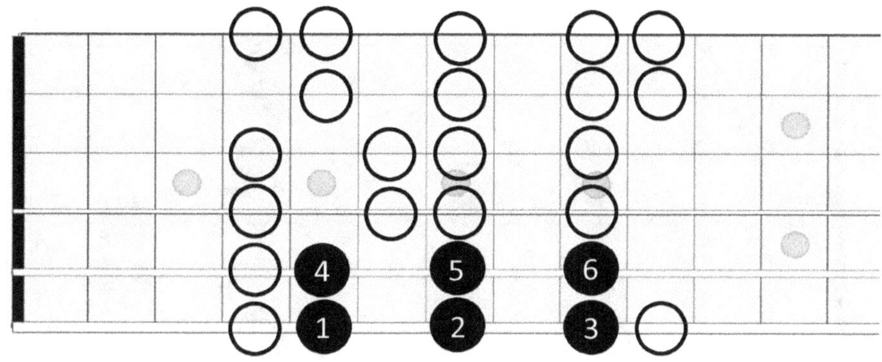

（2）主音為根音時，由第五弦出發（圖為 D 調）

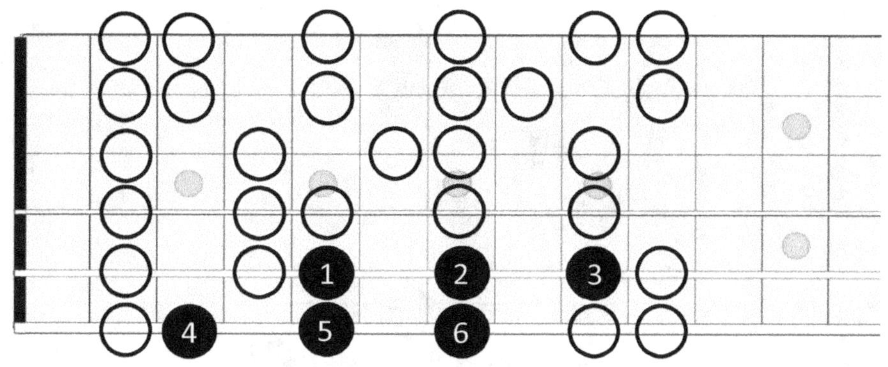

* 和絃指型的選擇**常用以食指按根音的 E 指型和 A 指型**。

我們先看看上述最常使用的彈奏方式（1）與 E 和 A 指型的使用：

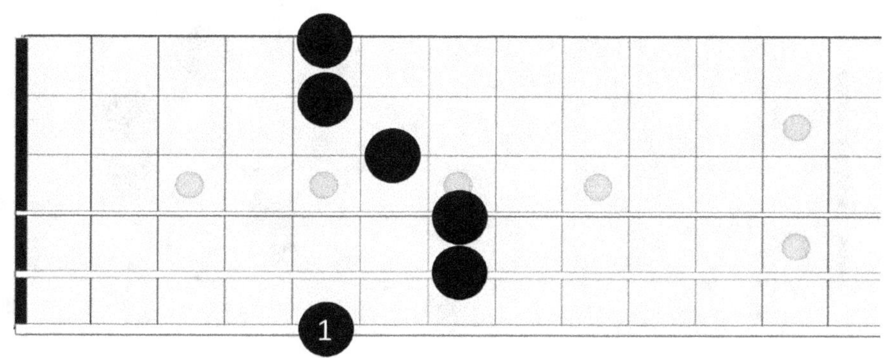

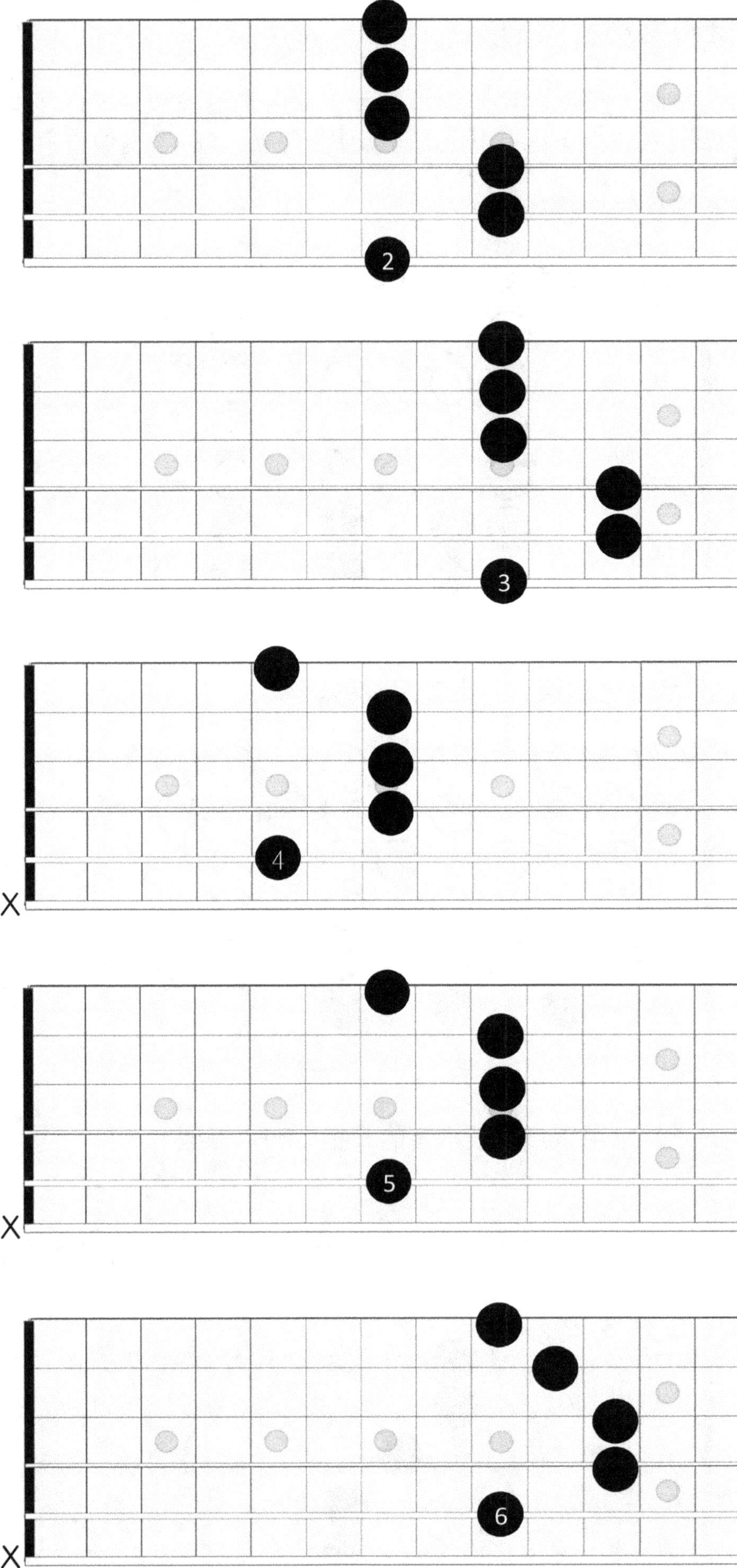

以上的彈奏，大致會有下列優缺點：

【優點】最好按

【缺點】容易讓手在指板上疲於奔命，增加失誤率，且和聲上多屬於平行移動，較單調。

因此藉由瞭解了五大和絃指型後，我們可以思考調整和絃的選用方式。

【調整方式】將位於較高把位的和絃，改用小指或無名指去按根音，也就是改用 C 或 G 指型。

我們將剛才的根音為3、5、6的和絃指型分別更換如下：

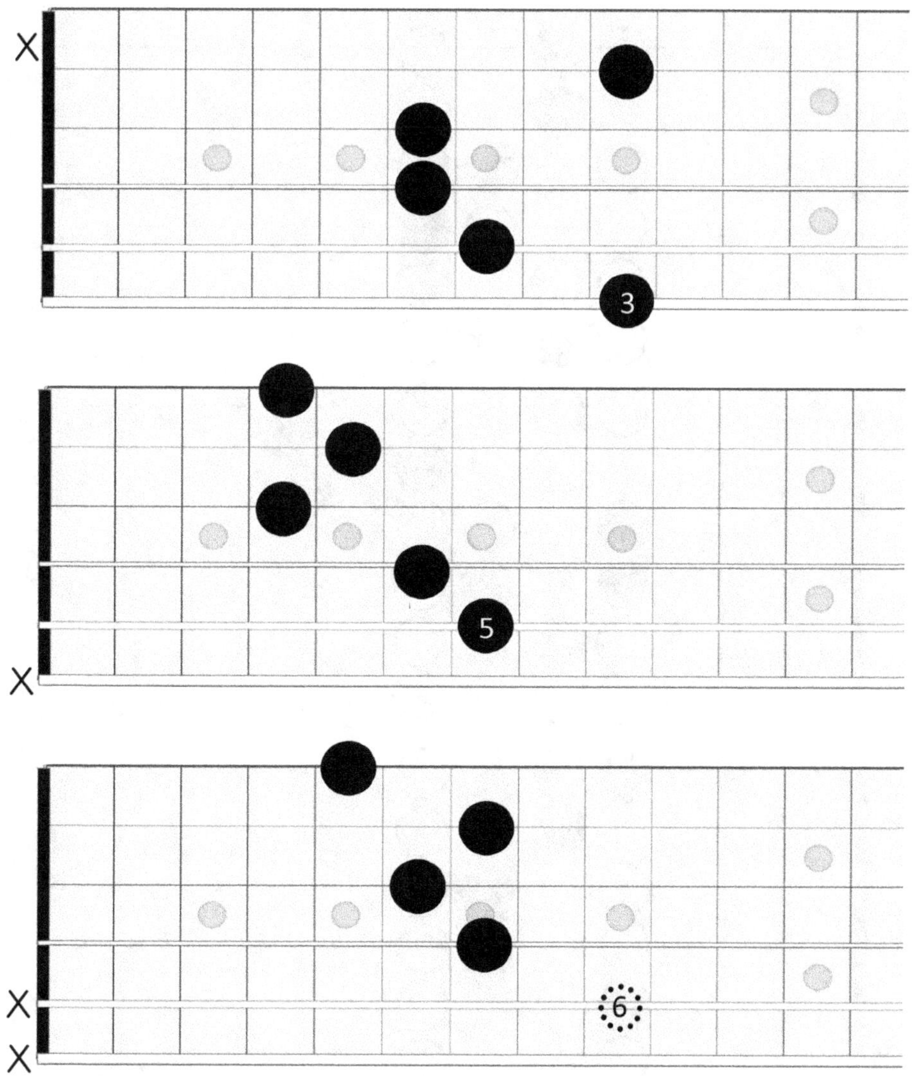

＊ 當然這樣的調整和絃方式可能還是會覺得難彈，我們這裡先提供一個思考方向，而我們彈奏上也可以選用其他如七和絃、九和絃等等種類的和絃來取代基本的三和絃，按法上也會好按很多；和絃種類繁多，用和絃種類來替換的部份非本手冊討論重點，就不提供了，請自行依此概念嘗試與發掘。

另一種調整方式除了改和絃指型外，還**加上更動根音的位置**。如將彈奏方式（1）改為：

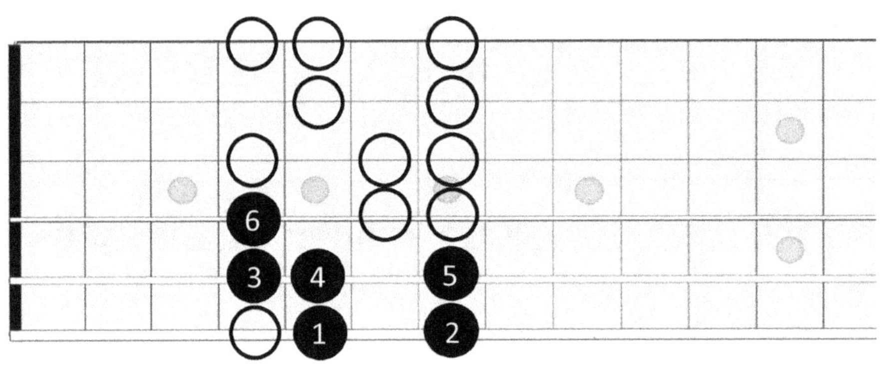

配上選用和絃，則變成：

♪ **Track-21**

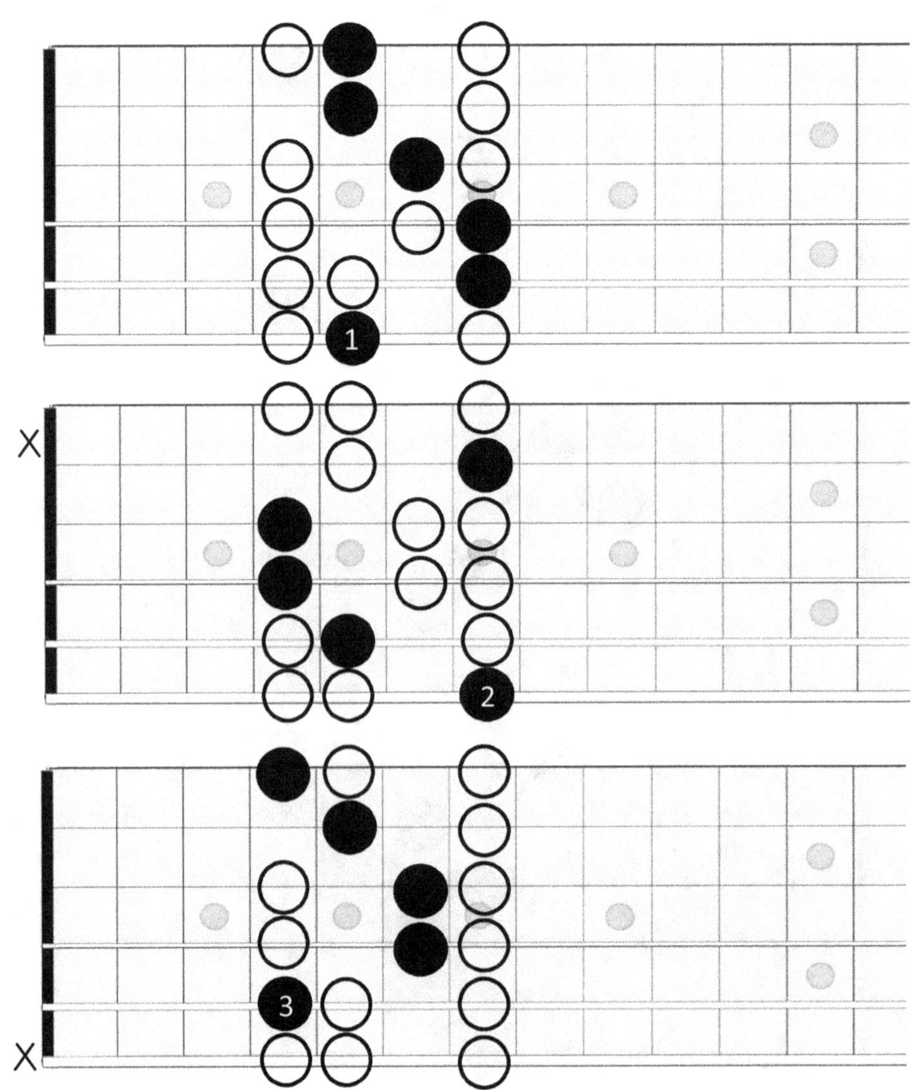

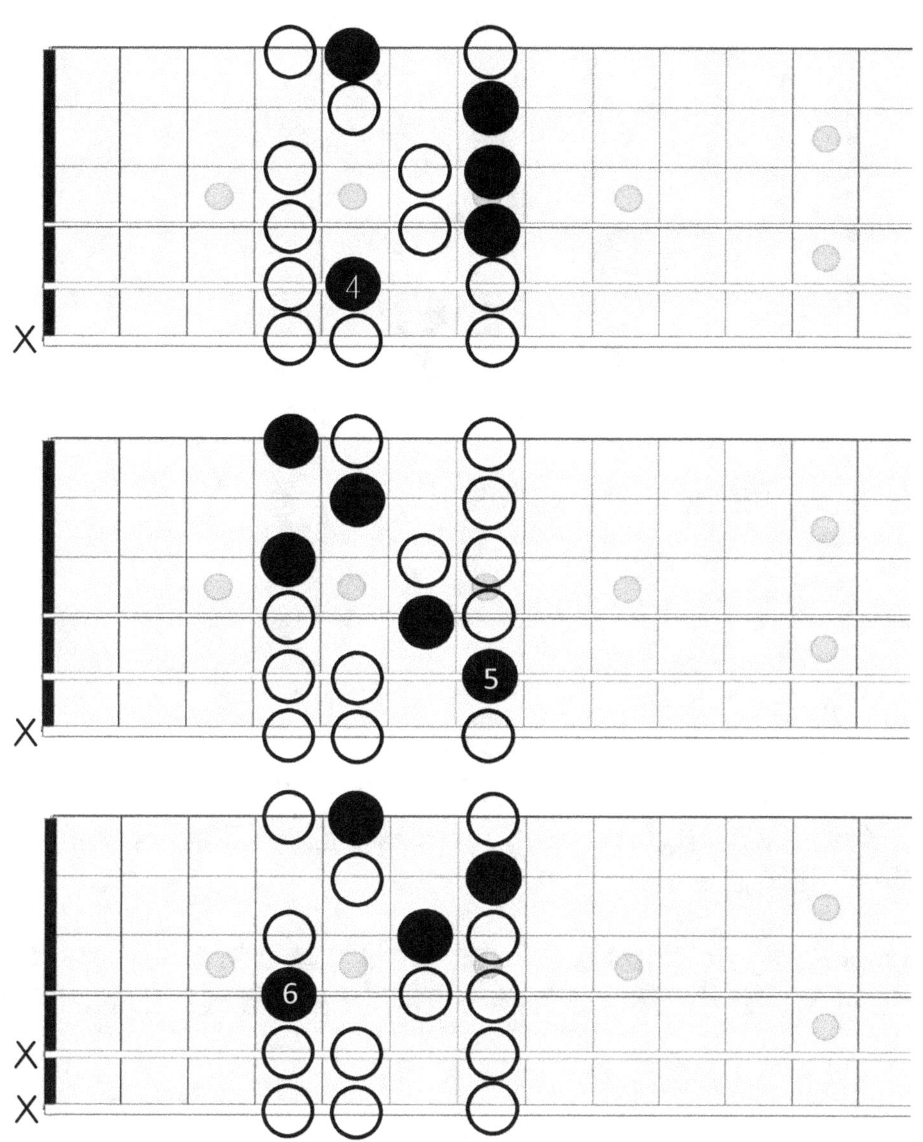

有發現了嗎？現在的 6 個和絃都在同一組音階Pattern圖形上了！

這樣左手不但可以比較固定在一個把位上，和絃互換時，音程結構也會有所變化，要彈奏一些旋律線時，也可以比較從容的彈出。當然如果你覺得有不好按的指型，可以自己修正喔！

其他的順階根音排列，你也可以試試看該怎麼選擇和絃指型去按！

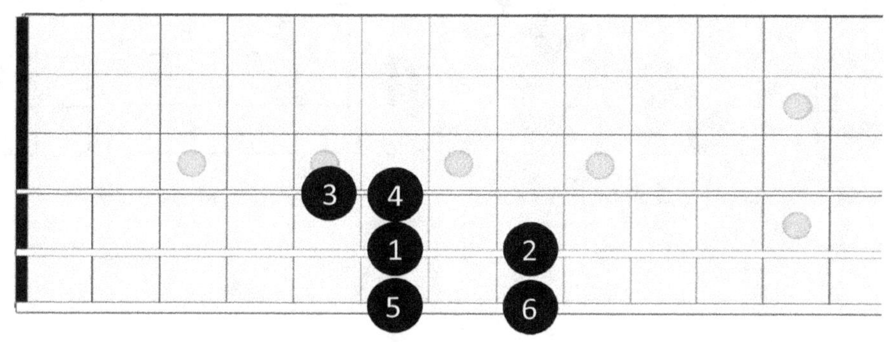

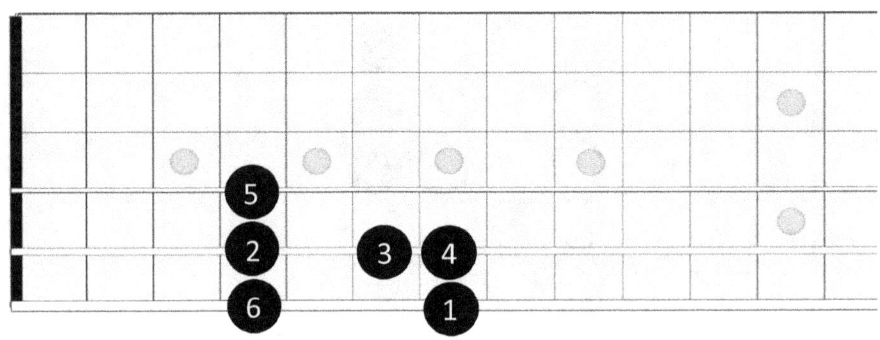

試試看將這樣的按法用到你常演奏的歌曲上。

《轉位和絃》

吉他指板上，因為手指按弦的問題，只要記得和絃的三音在最低音就是第一轉位，**通常會用分子分母和絃來表示**，比如 C / E 和絃；五音在最低音就是第二轉位，比如 C / G 和絃，依此類推。

下面我們分別列出大三小三和絃的第一轉位和第二轉位指型。**1** 表示根音，**3** 表示大三和絃三音，**b3** 表示小三和絃三音，**5** 表示五音。圖表底下的數字表示的是左手手指符號。

◎ 大三和絃

＊ <u>最低音在第六弦</u>

【第一轉位（3音為最低音）】

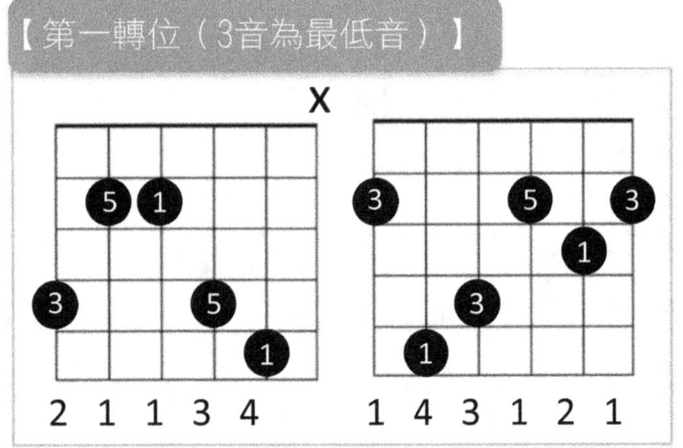

【第二轉位（5音為最低音）】

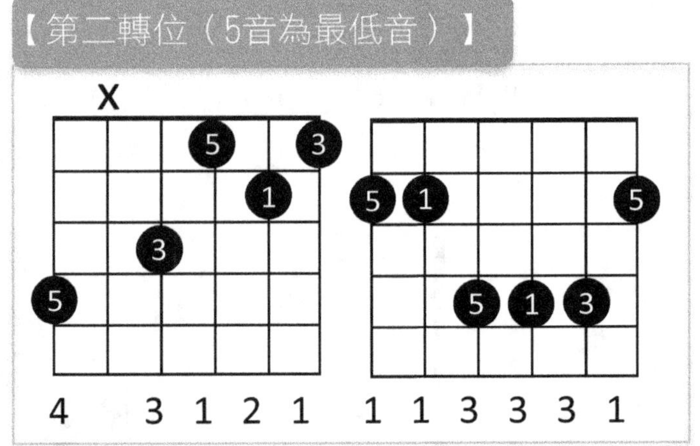

＊ <u>最低音在第五弦</u>

【第一轉位（3音為最低音）】　　　　　【第二轉位（5音為最低音）】

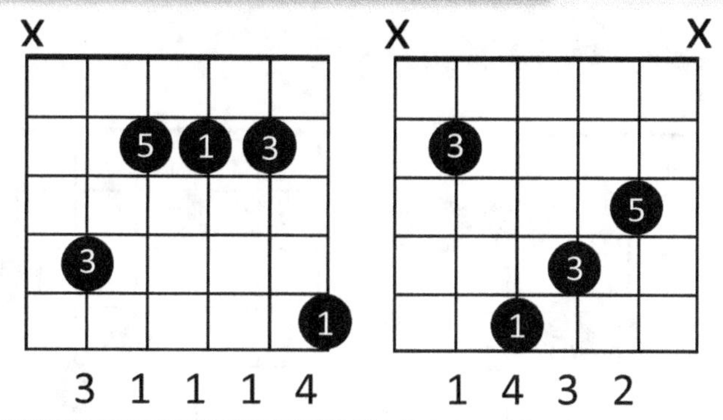

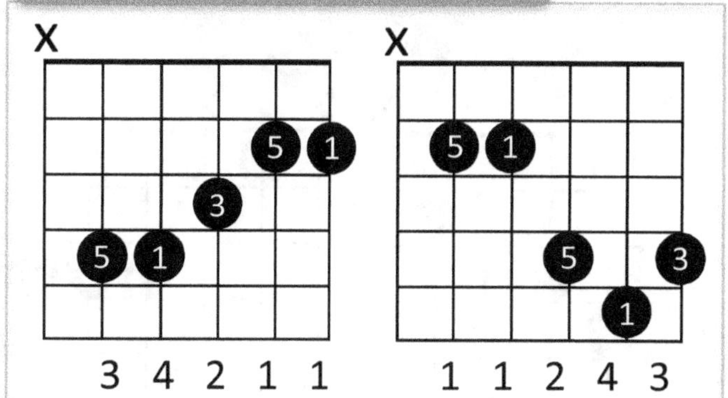

＊ <u>最低音在第四弦</u>

【第一轉位（3音為最低音）】　　　　　【第二轉位（5音為最低音）】

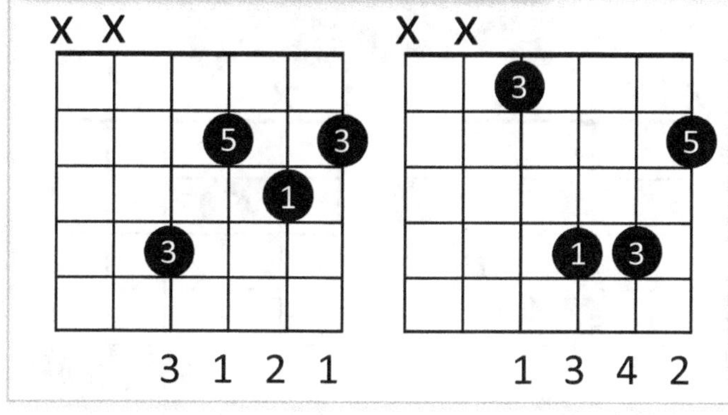

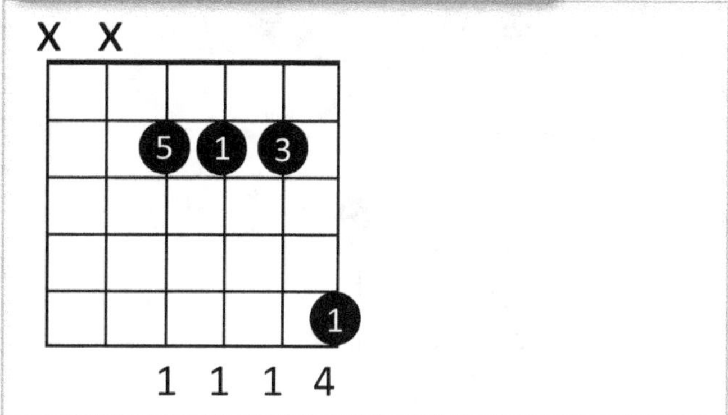

◎ 小三和絃

＊ <u>最低音在第六弦</u>

【第一轉位（b3音為最低音）】　　　　　【第二轉位（5音為最低音）】

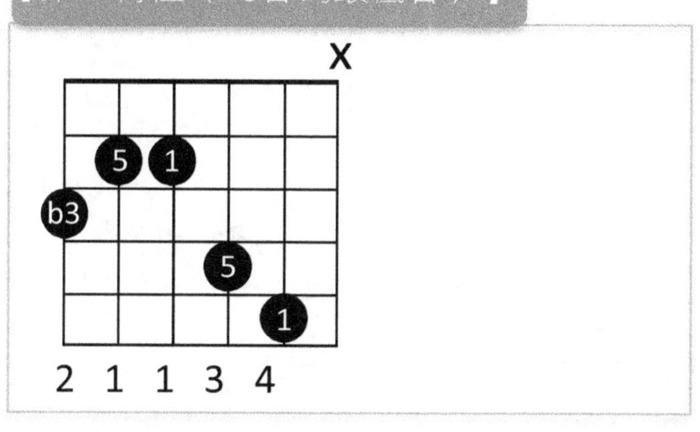

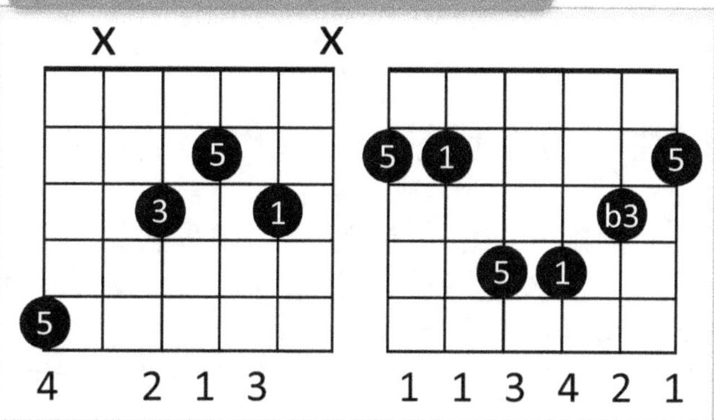

＊ 最低音在第五弦

【第一轉位（b3音為最低音）】　【第二轉位（5音為最低音）】

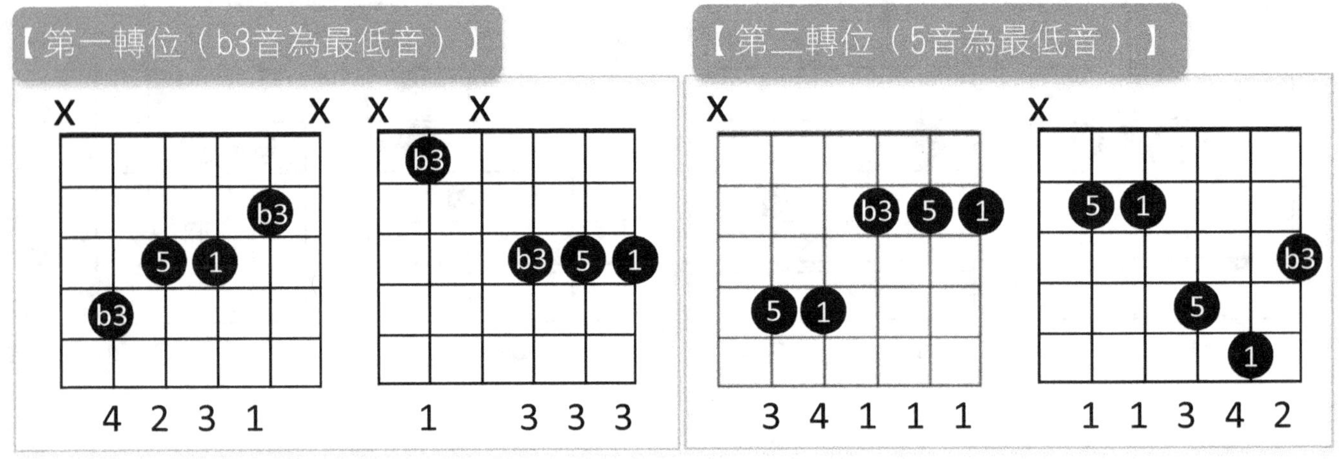

＊ 最低音在第四弦

【第一轉位（b3音為最低音）】　【第二轉位（5音為最低音）】

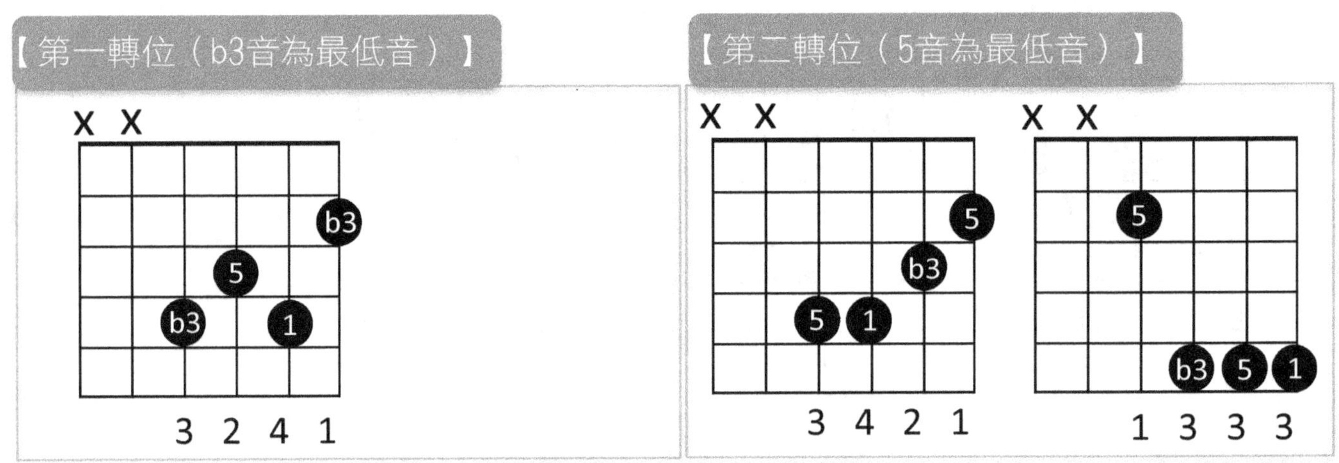

以上是三和絃的轉位指型，由於三和絃組成音只有 3 個，因此只有 2 個轉位，如果是七和絃（比如屬七和絃，其組成為 １３５ b7），就會再多一個 b7 音在最低音的第三轉位。相關的和絃指型可以在熟悉基本指型後，自行推算原位七和絃和它的轉位和弦，或是另找現成的和絃書來參考。

《用轉位取代原位》

分析相鄰和絃的組成音（比如Ｃ和絃：ＣＥＧ，Ａm和絃：ＡＣＥ），將組成音中同樣的音放在最低音來進行練習（如Ｃ和絃：Ｃ為最低音的原位和絃，接到Ａm和絃：同樣以Ｃ為最低音的第一轉位和絃）。如果沒有相同音，就找彼此距離最近的組成音（比如Ｇ和絃：ＧＢＤ的Ｂ音接回Ｃ和絃的Ｃ音），如以下範例。

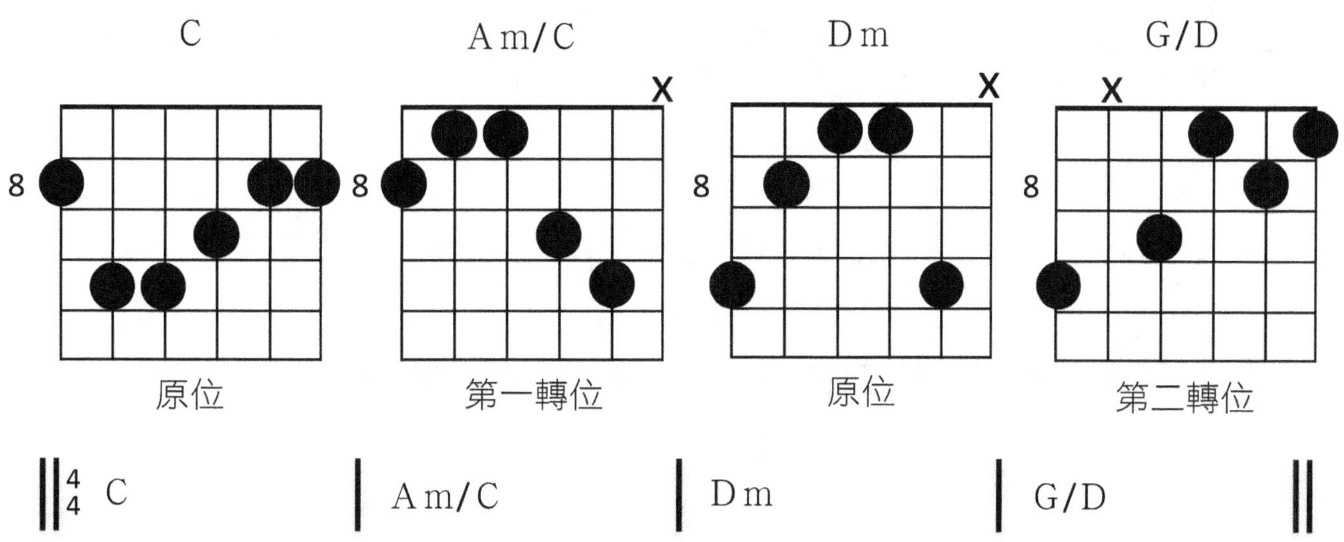

這樣有沒有發現使用轉位和絃後，彈奏把位又更加固定了呢？轉位和絃的更多用法不在本手冊討論之列，想瞭解更多請參考其他相關教材。

《和絃+插音演奏》

當我們可以使用原位 + 轉位和絃讓自己的手固定在某把位上彈奏時，就可以方便我們也加入一些插音到演奏中了。

1. 首先找出把位上和絃所屬的音階積木圖

要結合音階積木圖，和絃組成音符就要採用音階的<u>簡譜符號</u>來表達才會比較清楚。

順階和絃級數	組成音（簡譜符號）
I	1、3、5
II	2、4、6
III	3、5、7
IV	4、6、1
V	5、7、2
VI	6、1、3
VII	7、2、4

順階和絃中，第 I、IV、V 級是大三和絃，也就是組成格式相同，因此可以使用相同的大三和絃指型；而第 II、III、VI 級是小三和絃，也就都可以使用小三和絃指型。因此我們之前所列出的 5 種基本大三和絃指型，在一個調的音階中可以是第 I 級和絃在使用，也可以是第 IV 或第 V 級的和絃在使用。

〈大三和絃〉

以 C 指型為例，當你用此指型演奏 C 調的 I、IV、V 和絃時，它們分別所在音階上的位置是：

＊ 以下圖中數字為音階簡譜數字，不是和絃組成音格式的數字。

第 I 級
（C）

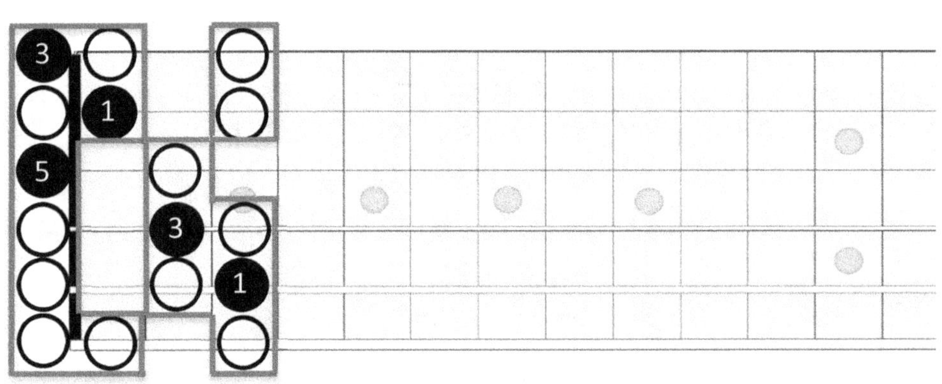

第 IV 級
（F）

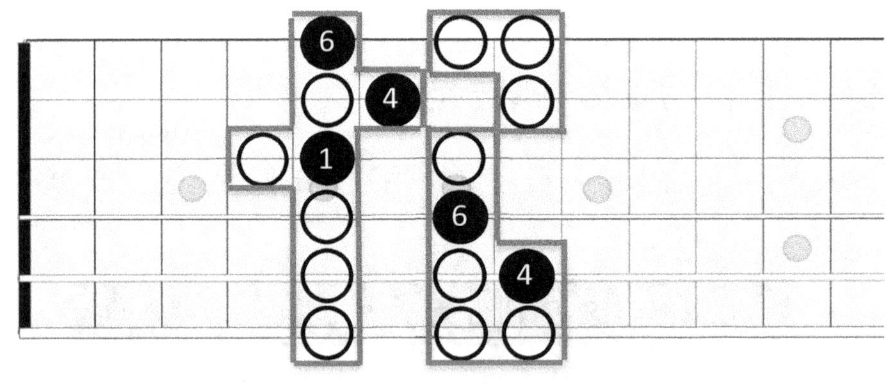

第 IV 級
（G）

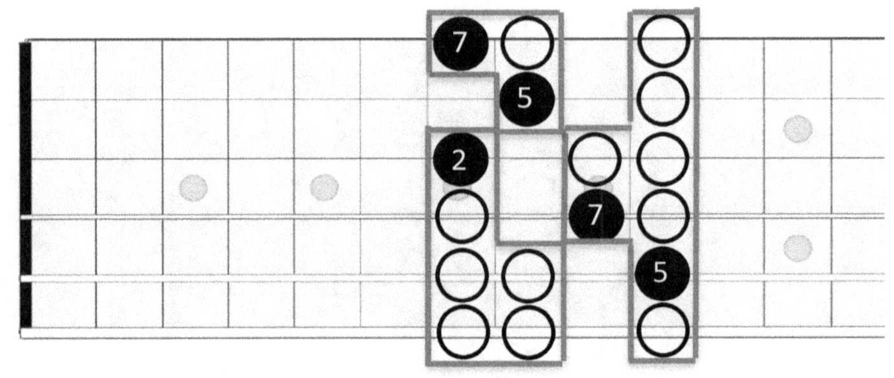

看到了嗎？和絃指型雖相同，但因為其實是不一樣的和絃，所分屬的音階積木也不同，這時就要去熟記和練習，各級和絃所屬的音階積木位置。

一個和絃有 5 種基本和絃指型，為了要了解 Ⅰ、Ⅳ、Ⅴ級和絃相對於音階圖的位置，總共有 15 個圖案要慢慢去熟悉喔！聽起來很嚇人，但其實不會，因為那就只是把指型放在不同的音階積木圖中而已，沒吉他在手上時就在紙上畫畫看，有吉他時就邊看圖邊彈奏，慢慢就會熟悉了。除了讓手指熟悉指型外，更重要的是要記得和絃的組成音，和其他音符的位置，演奏時知道自己在彈什麼音，即興演奏才比較不易彈錯，也會比較好聽喔！

<小三和絃>

以第 4 指型為例，當你用此指型演奏 C 調的 Ⅱ、Ⅲ、Ⅵ和絃時，它們分別所在音階上的位置是：

第 Ⅱ 級
（Dm）

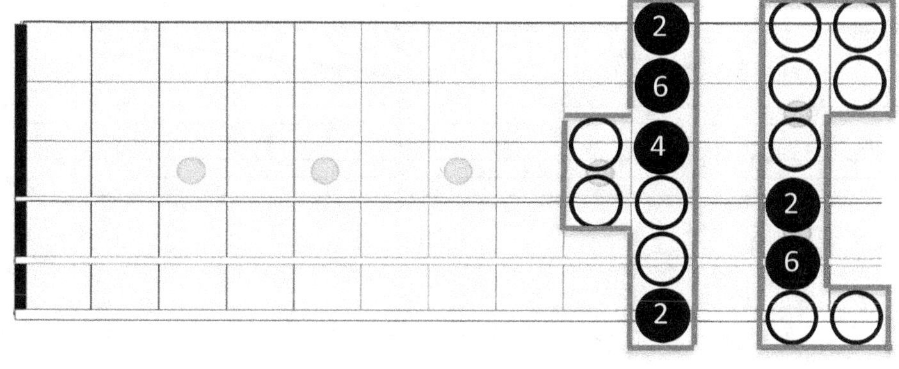

第 Ⅲ 級
（Em）

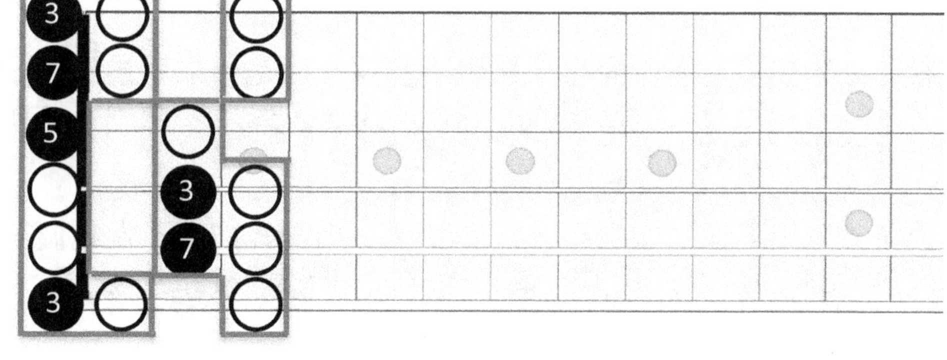

第 Ⅵ 級
（Am）

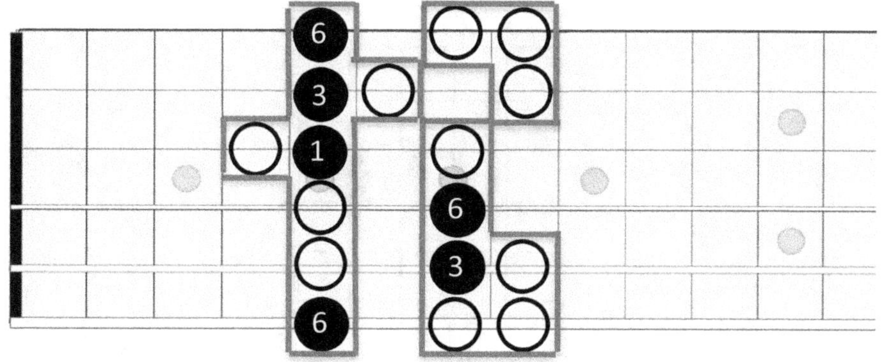

同樣的，一個小三和絃有基本的 5 種指型，分別可以讓 II、III、VI 級來使用，所以也要分別去熟悉它們在音階圖上的位置喔！

*** 記得還有轉位和絃的部份要練習喔！**

要熟悉音階圖，直接練習也是最快的方式，但記得練習時腦袋也要思考的。

按和絃時，要知道自己目前正在音階的哪個位置，才能夠在切入單音旋律時，可以馬上進行演奏，不用再想要彈的音在哪裡；相反也是。我們直接來看看和絃加上插音的範例：

<1> （Ａ調）

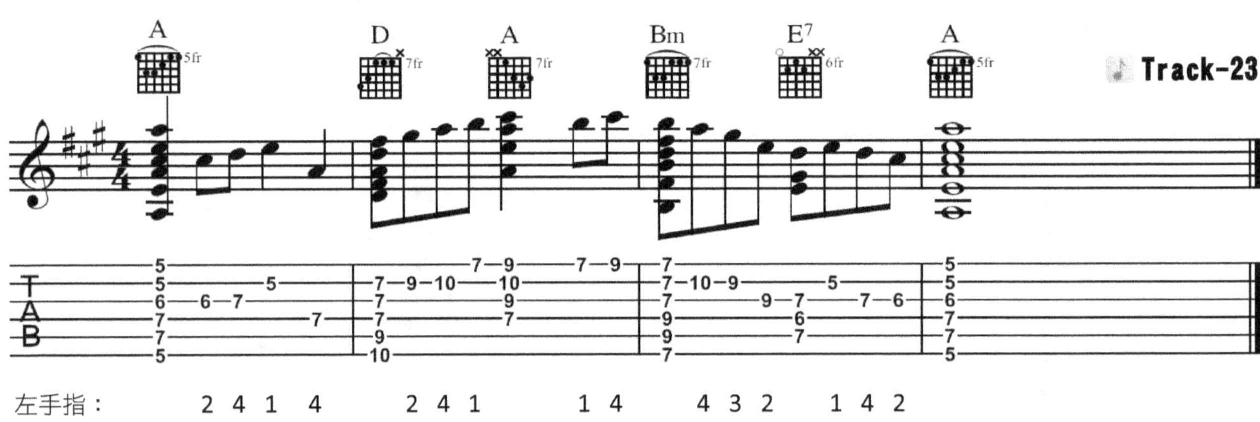

可能有人會問，為何第2小節的 D 要選擇這個指型？

答案還是兩個字：「好彈」。

如果我們單看和絃的按法可能會覺得一點也不好彈，但是如果考量到後面的那些旋律音和接下來的 Ａ 和絃及它所搭配的最高音的按法，還是要使用這個和絃指型，在旋律的銜接上才會比較流暢。

當然，我們也可以選用下面這個指型來按 Ｄ 和絃，相當好按，不過如此一來 Ｄ 和絃的部份就只剩下3個組成音，扣掉旋律音，就只剩根音及它的八度音，聽覺上會比較單調些。

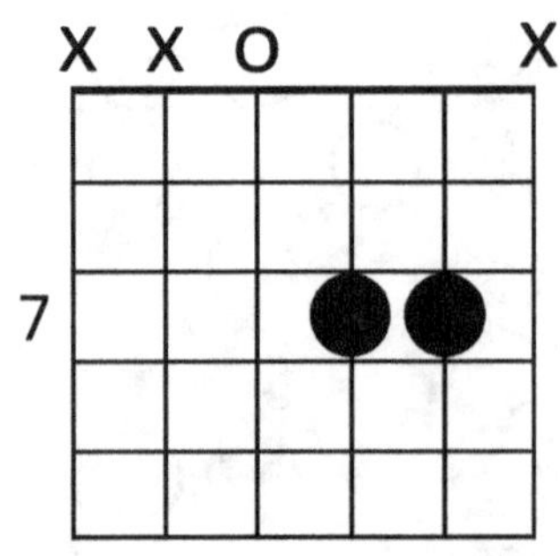

<2>（D調）

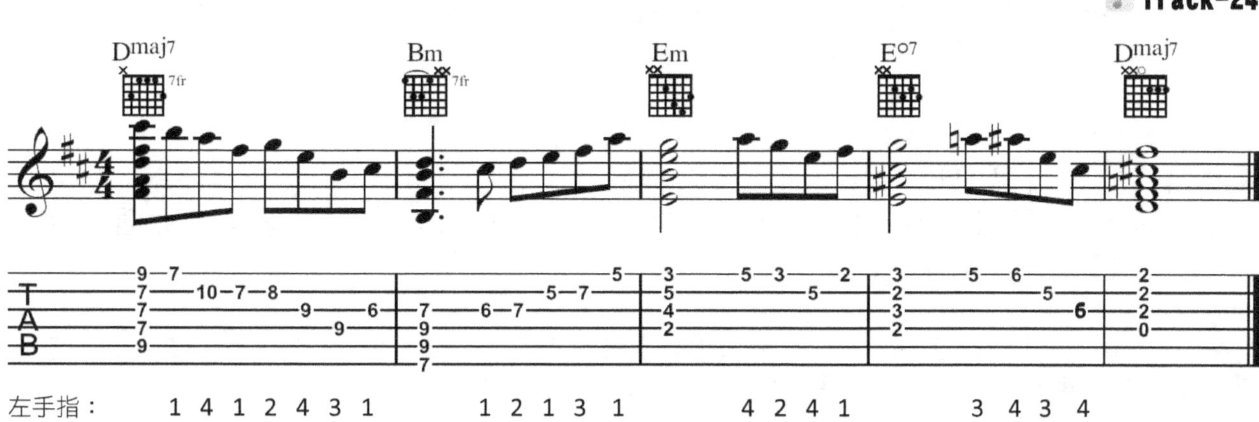

<3>（A調）

這個練習範例是一首小的音樂演奏作品，使用像上面的和絃加音階旋律的技巧，和之前範例不同的是，這次的和絃中使用了轉位和絃，讓低音部也有自己的一點旋律線，這是吉他演奏曲常使用的技巧，類似爵士吉他裡的 Chord Melody，請多加體會。

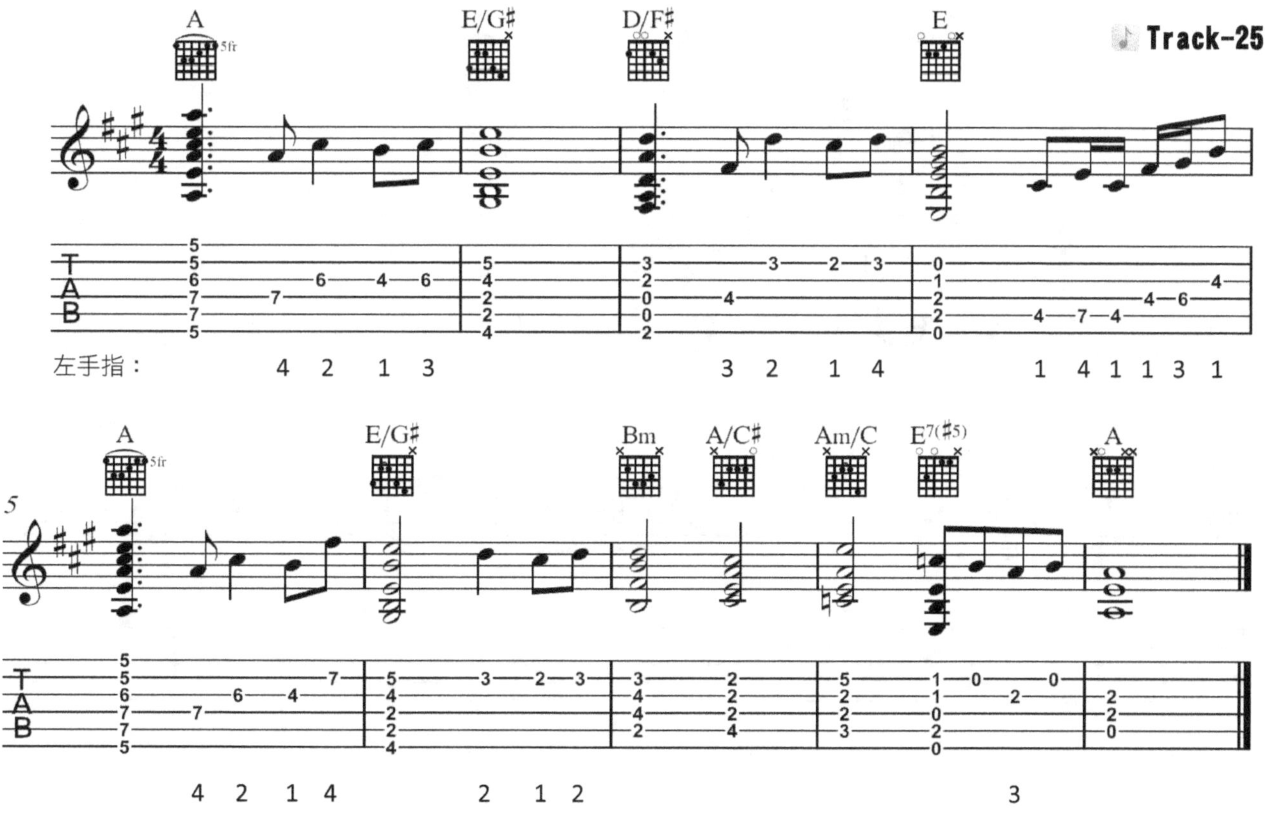

第3章　增加旋律風味的琶音

和絃琶音，其實就是把和絃組成音拿來直接演奏，和我們所謂的指法演奏分解和絃有些不一樣。分解和絃主要是拿來伴奏，旋律性通常較為薄弱，而琶音常穿插於旋律線中，增加其所屬和絃的色彩。

琶音除了也可以用來增進演奏技巧外（如掃弦、點弦），用來作為熟悉指板的一種工具也非常適當。在此我們以基本的三和絃琶音來進行說明。

練習琶音時，同樣可以以前章的 5 種基本款和絃為依據來進行，加上原本沒有按到的組成音，就是完整的琶音。

《大三和絃琶音》

C 指型：（1、3、5 指的是和絃組成音的 根音、三音、五音 的格式）

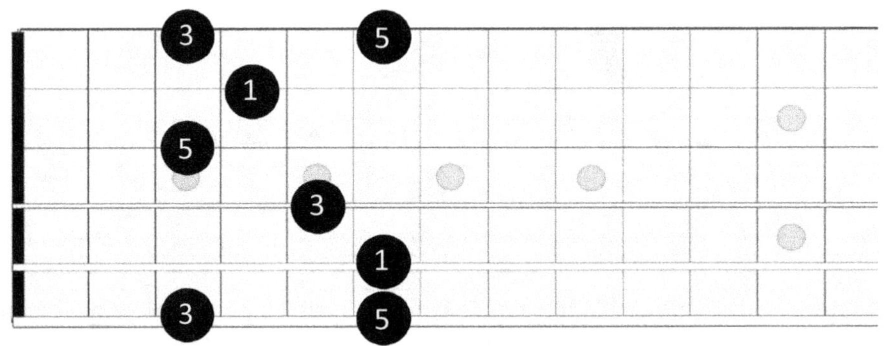

左手指：　4 3 1 3 4 3 1 2　1 4 1 2 1 2 1 3　1 3 4 3 4 3 1 3　4

A 指型：

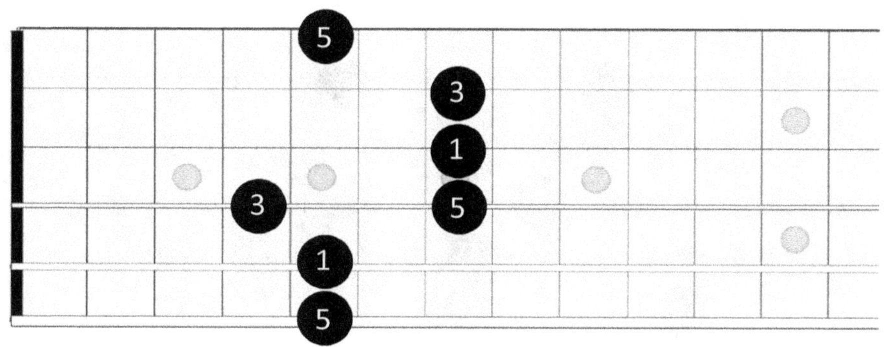

左手指： 2 1 4 3 4 1 4 3　2 4 3 2 1 4 3 1　2 1 2 1 3 4 3 1　2

G 指型：

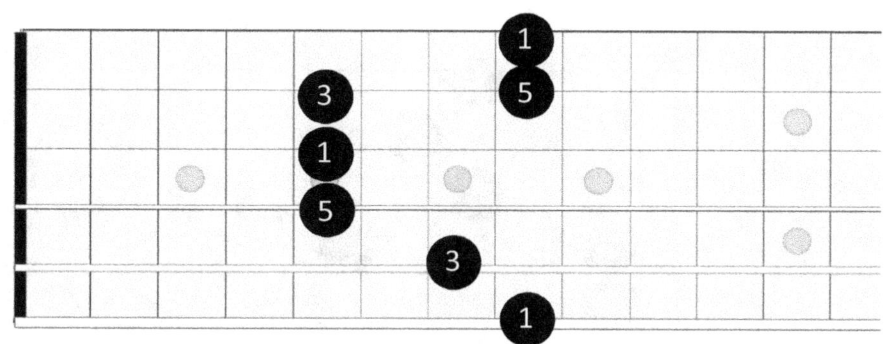

左手指：4 3 1 1　1 4 4 4　1 1 1 3　1 3 1 1　4 1 1 1　1 1 1 3　4

E 指型：

Track-29

左手指： 2 1 3 4 2 1 1 4　1 1 2 4 3 1 3 4　2 4 3 2 4 3 1 4　2

D 指型：

Track-30

左手指： 1 1 3 1 1 4 1 1　1 4 2 3 2 3 2 4　3 2 4 1 2 4 1 1　1

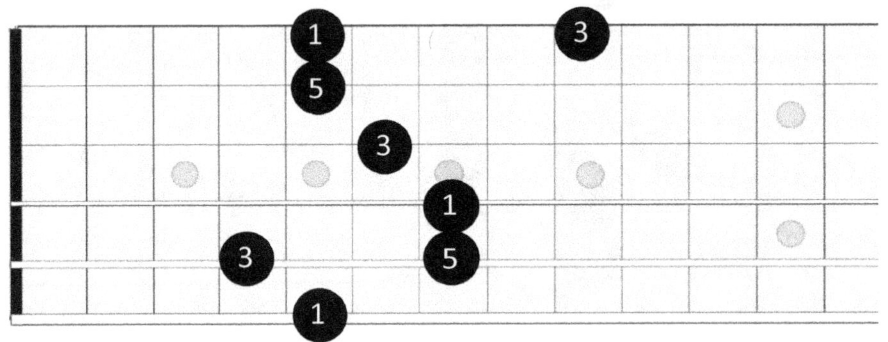

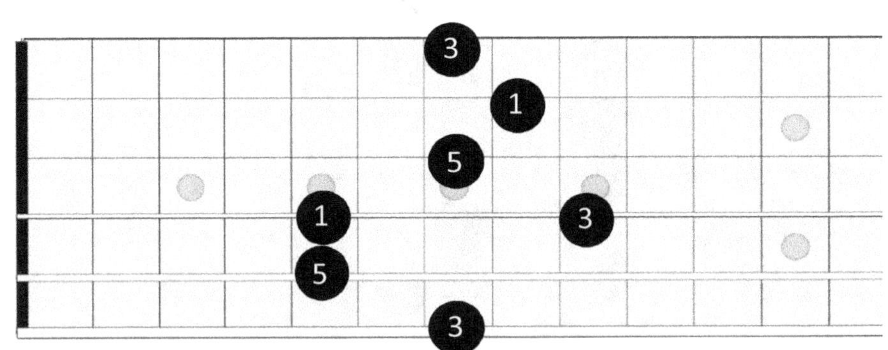

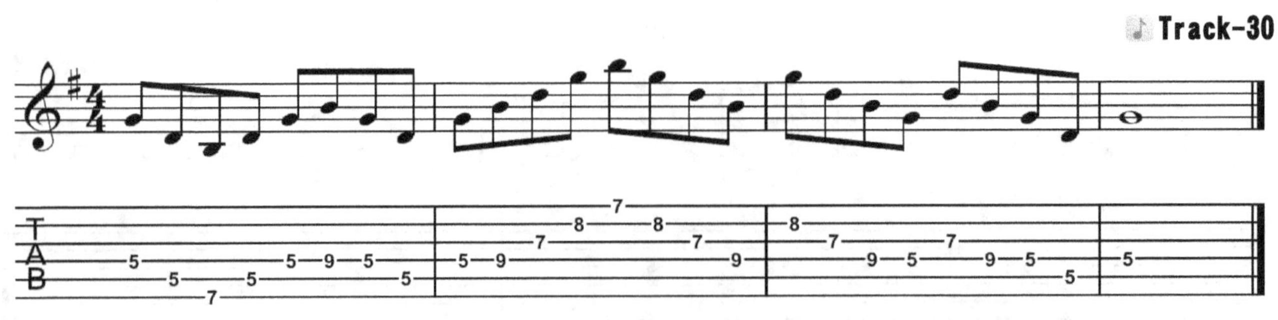

《小三和絃琶音》

C 指型變化：（1、b3、5 指的是和絃組成音的 根音、三音、五音 的格式）

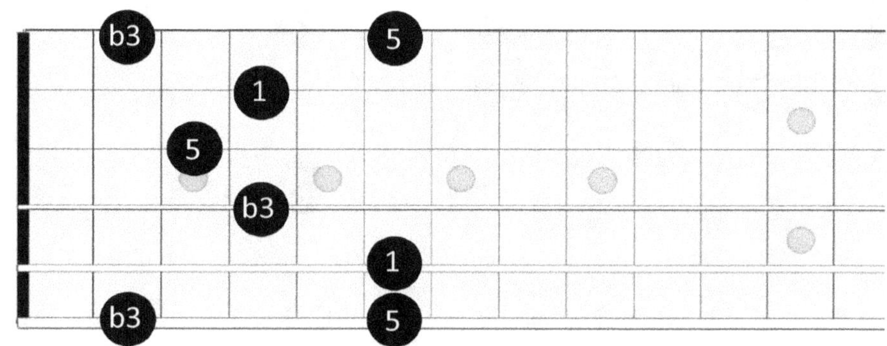

左手指： 4 3 1 3 4 2 1 2   1 4 1 2 1 2 1 2   4 3 4 2 1 2 4 3   4

A 指型變化：

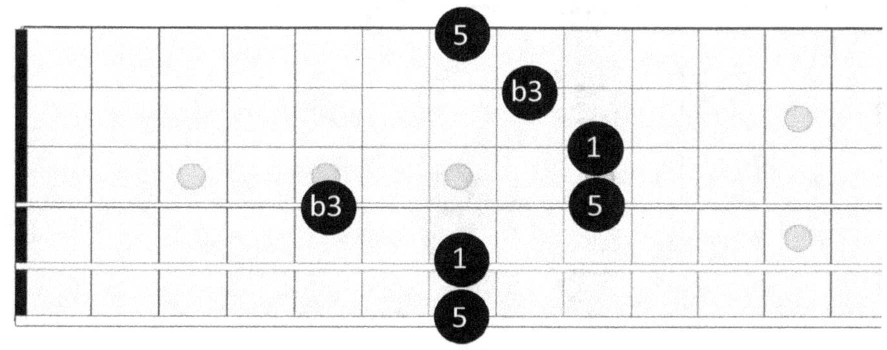

左手指： 2 1 4 3 2 1 2 4   3 2 4 3 1 4 3 1   2 1 2 1 4 1 2 1   2

G 指型變化：

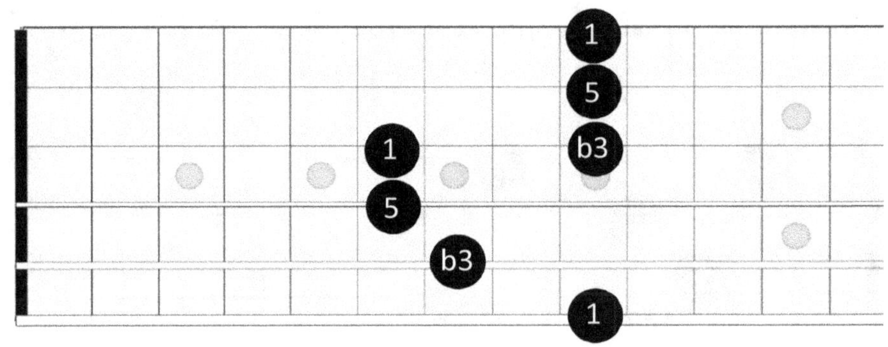

♪ **Track-33**

E 指型變化：

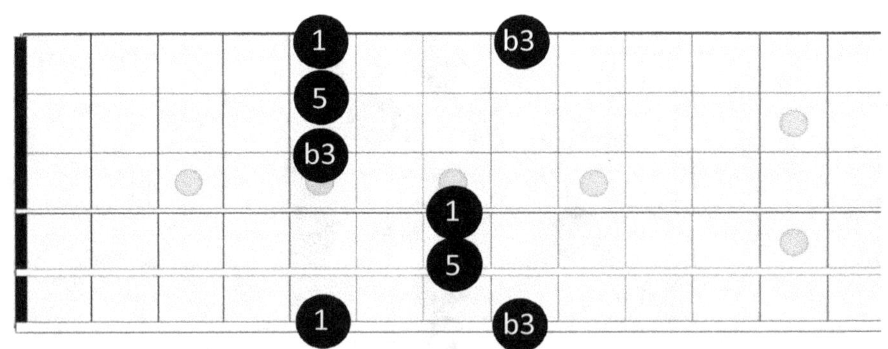

♪ **Track-34**

D 指型變化：

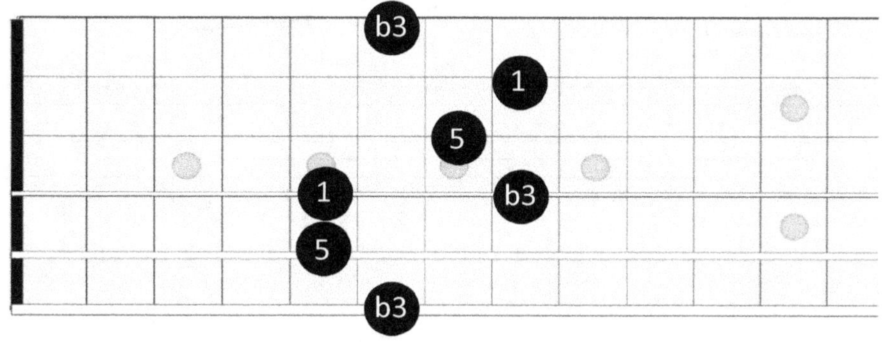

♪ **Track-35**

左手指： 1 1 2 1 1 1 1 4　3 4 2 4 3 4 3 4　1 1 2 1 1 4 3 4　1

《琶音與音階積木圖》

與前章的和絃部份一樣，一個和絃琶音有 5 種基本指型，要了解 I、IV、V 級琶音相對於音階圖的位置，共有 15 個圖案要慢慢去熟悉，同樣 II、III、VI 級也共有 15 個圖案。

而琶音的練習，也可以用來練習**串連各個音階積木圖**。

1. 大三和絃琶音串連（I 級和絃琶音為範例時）

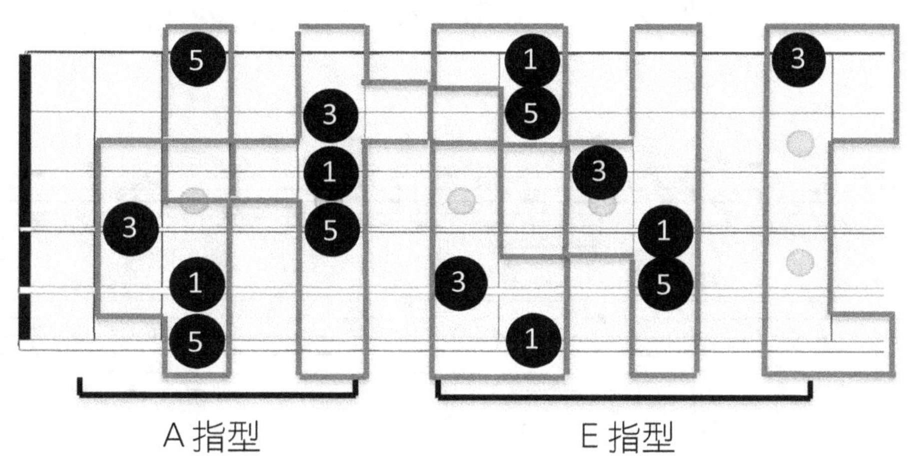

<a>

Track-36

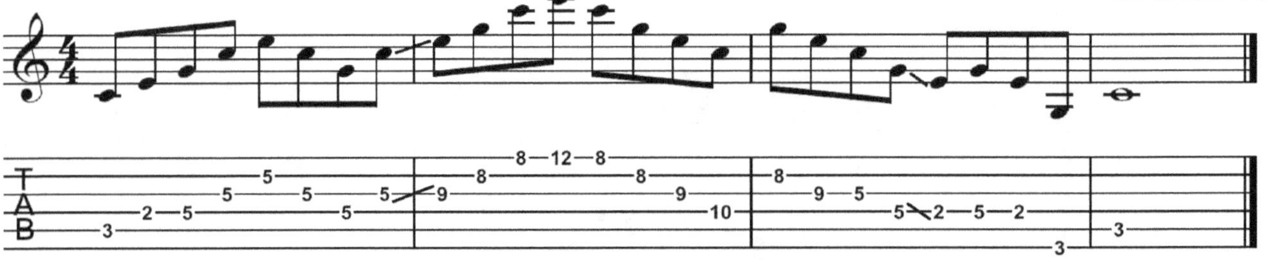

左手指：2 1 4 3 4 3 2 3 2 1 4 1 1 2 3 1 2 2 1 4 1 2 3

<b>

Track-37

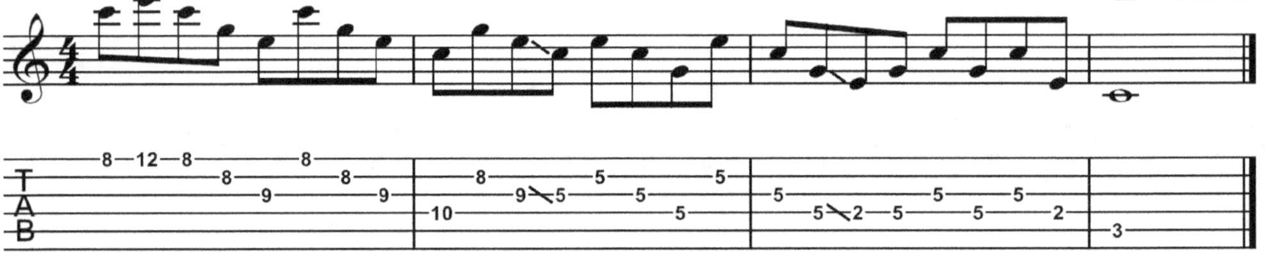

左手指：1 4 1 1 2 1 1 2 3 1 2 3 2 1 3 2 1 4 3 4 3 1 2

2. 小三和絃琶音串連（Ⅵ級和絃琶音為範例時）

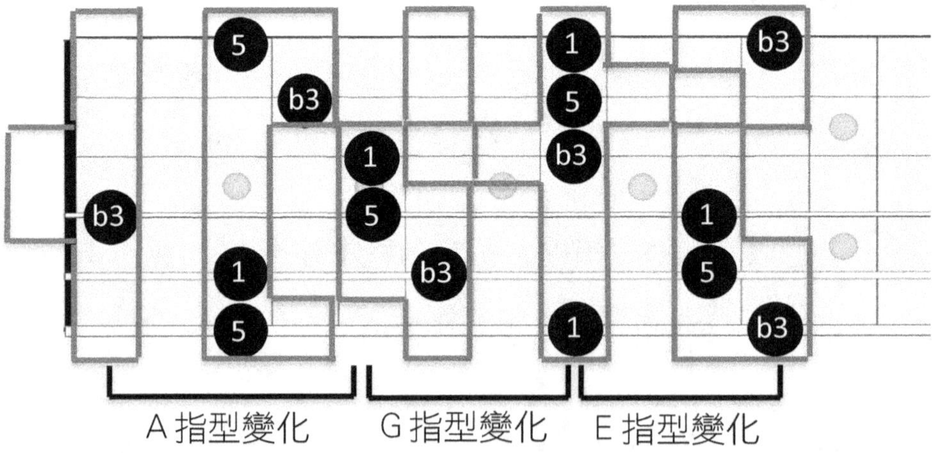

<a>

Track-38

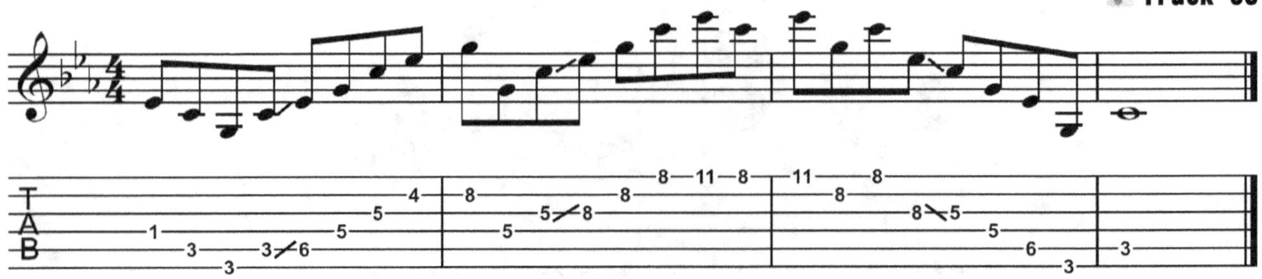

左手指：1 3 2 3 2 3 1 4 1 2 1 1 4 1 4 1 1 2 1 3 1 1

<b>

Track-39

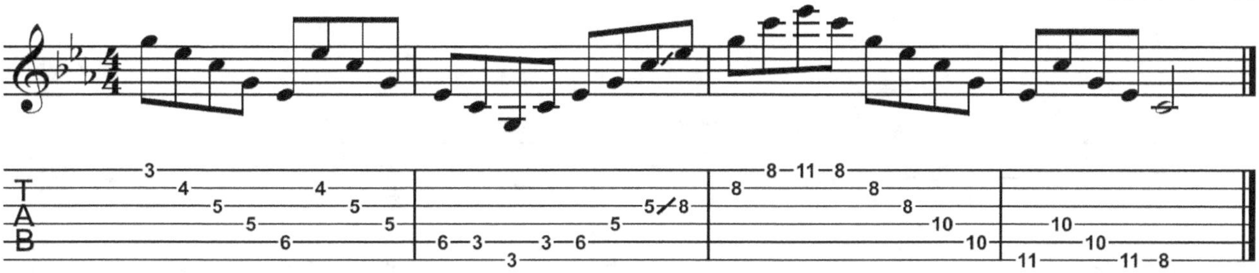

左手指： 1 2 3 2 3 1 3 2 4 1 1 1 4 3 2 1 1 4 1 1 1 3 2 3 1 2 3 1

3. 在固定某一把位上用琶音演奏和絃進行，如下方範例。

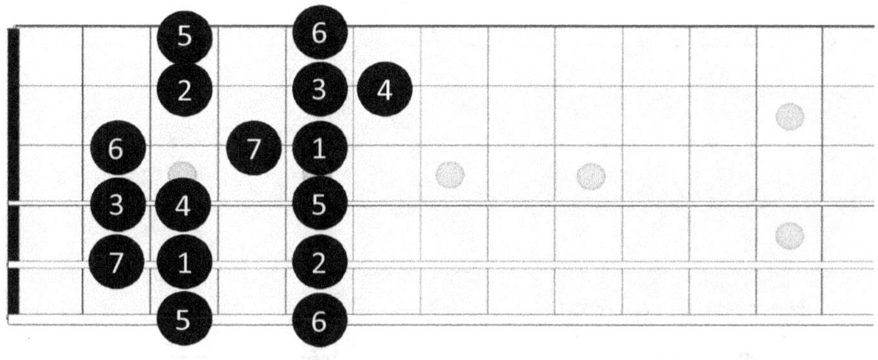

<a>

Track-40

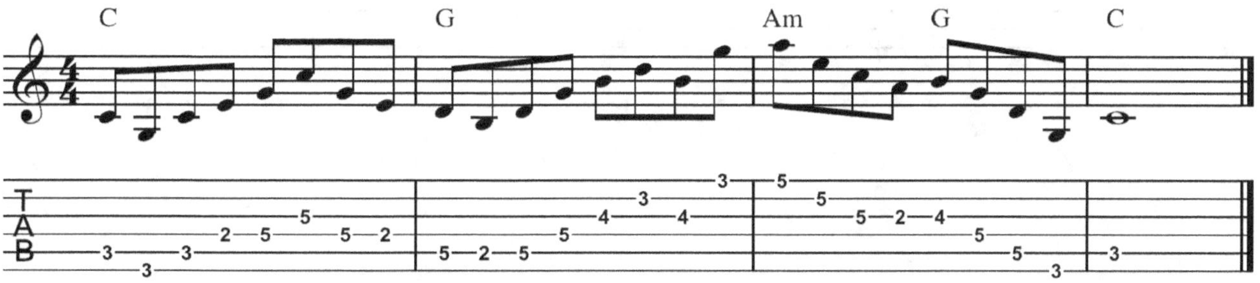

左手指：2 1 2 1 3 4 3 1 4 1 4 3 2 1 2 1 4 3 2 1 3 4 3 1 2

<b>

Track-41

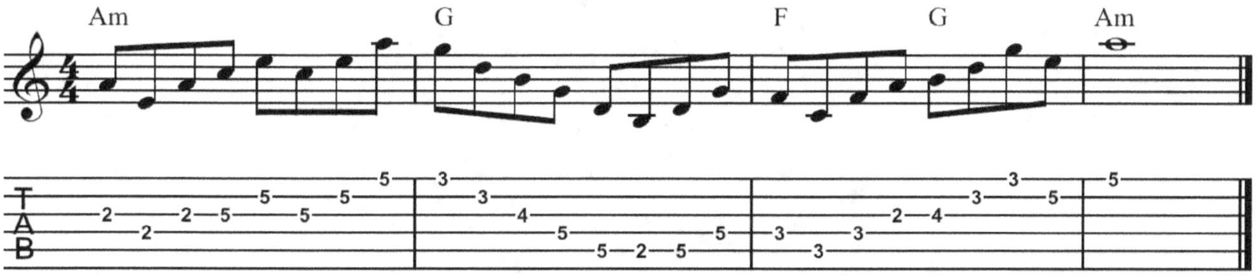

左手指：1 1 1 4 3 4 3 3 1 1 2 4 3 1 3 4 2 1 2 1 3 1 2 3 4

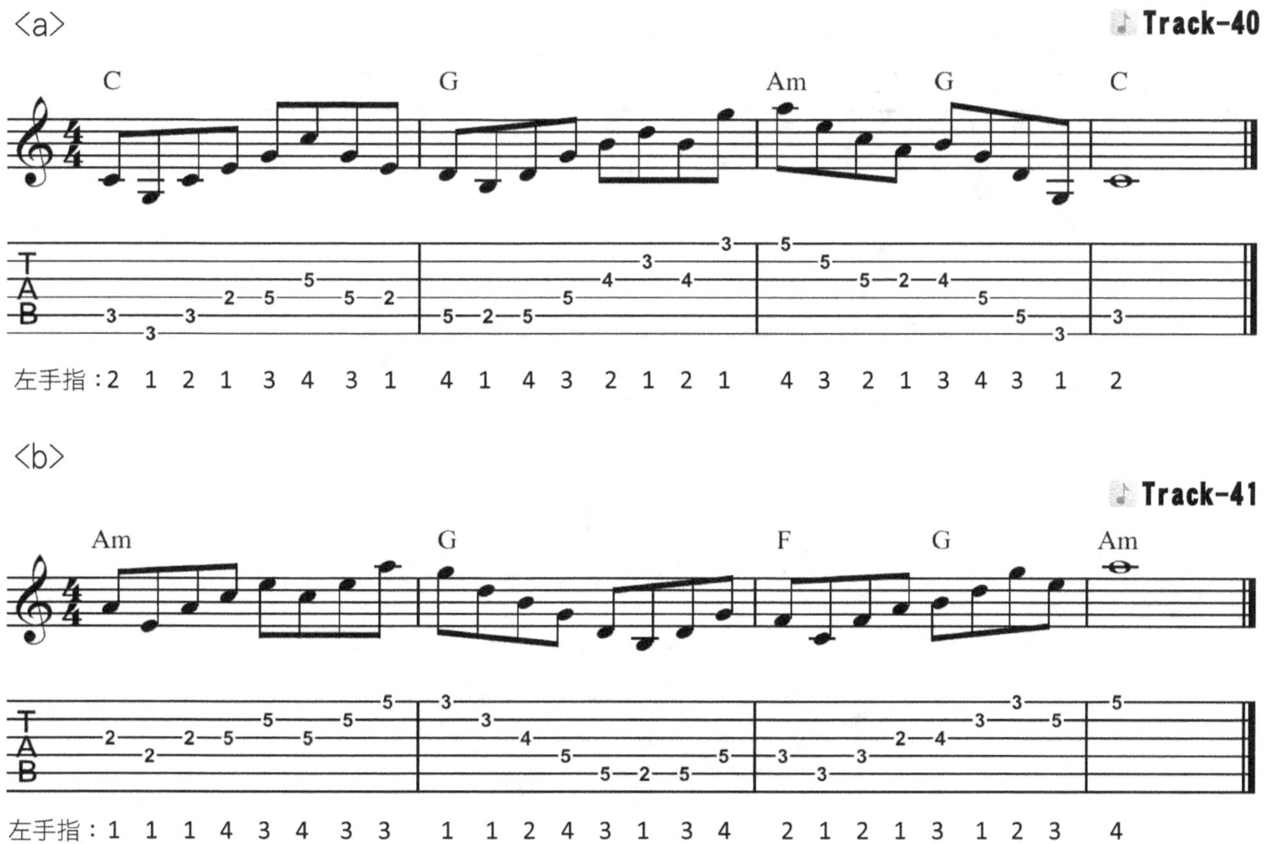

4. 利用琶音串連高低把位的旋律線。

<a>

Track-42

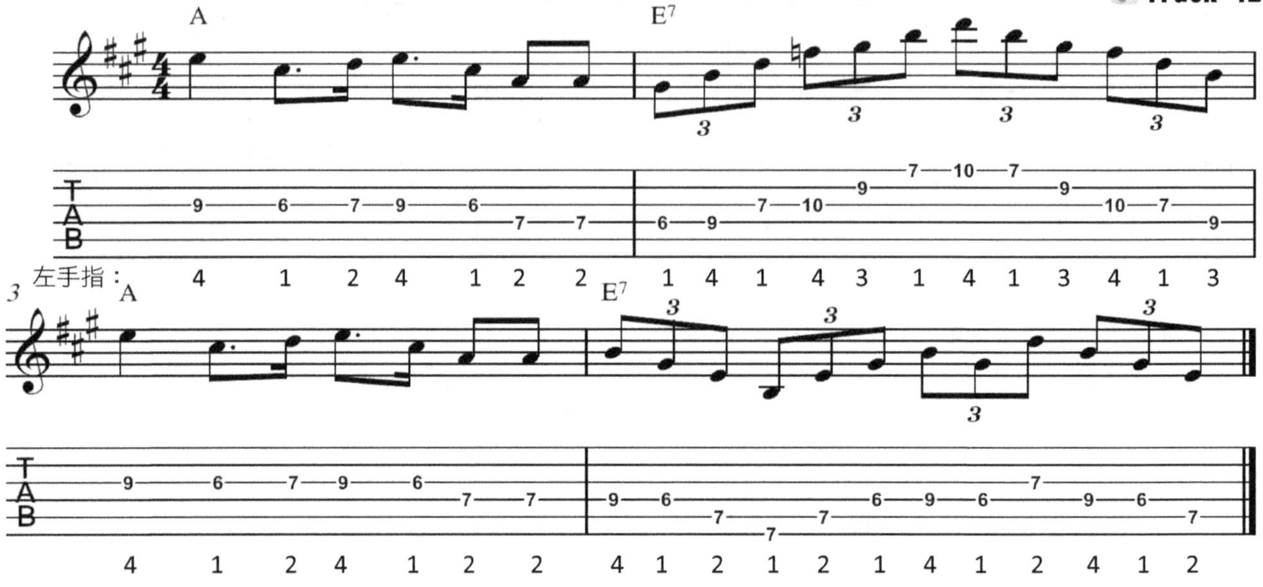

<b>

Track-43

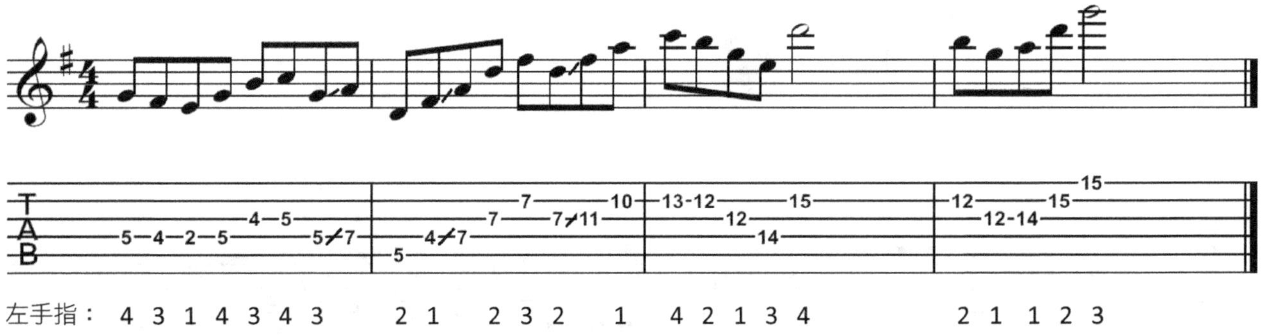

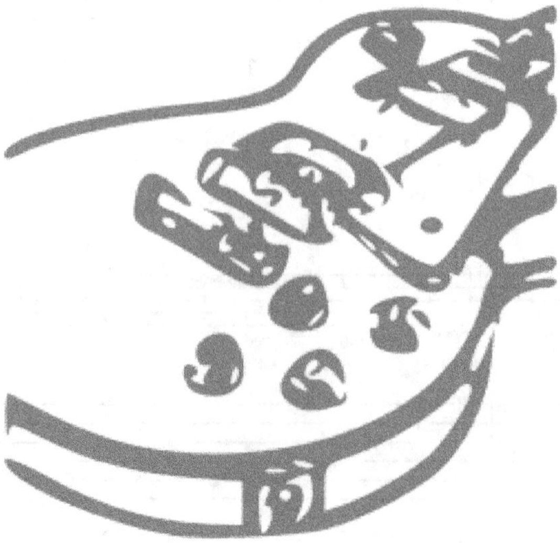

第4章　調式的訓練

前面說過 7 種歐洲調式音階，是分別讓自然音階中的 7 個音符作為主音而排列出來的結構，按照音階順序分別為 Ionian、Dorian、Phrygian、Lydian、Mixolydian、Aeolian、Locrian。

這 7 個調式結構，和大調小調一樣，以主音的名稱來命名調式，比如 E 音為主音的 Mixolydian 調式就是 E Mixolydian，G 音為主音的 Dorian 調式就是 G Dorian。

以結構來說，雖然每個調式的結構都不相同，但是你不需要去背它們的的音階指型，因為他們是用相同調性的自然音階所生成，即使你願意去記，到後來你會發現根本是一樣的指型，只不過起始音不一樣。

而調式還有好多可以說明的，不過那並不在本書的範圍中，如果有興趣的朋友，請再另外找其它的教材去學習。

《調式與和絃》

主音	調式	調式音階	音階結構格式（主音為 1 ）						
C	C Ionian	C D E F G A B	1	2	3	4	5	6	7
D	D Dorian	D E F G A B C	1	2	b3	4	5	6	b7
E	E Phrygian	E F G A B C D	1	b2	b3	4	5	b6	b7
F	F Lydian	F G A B C D E	1	2	3	#4	5	6	7
G	G Mixolydian	G A B C D E F	1	2	3	4	5	6	b7
A	A Aeolian	A B C D E F G	1	2	b3	4	5	b6	b7
B	B Locrian	B C D E F G A	1	b2	b3	4	b5	b6	b7

從音階格式我們可以得知，Dorian、Phrygian、Aeolian 因為有 1 b3　5 的結構，所以它們都比較會使用在背景為小三和絃時。而 Ionian、Lydian、Mixolydian 則比較常使用在背景為大三和絃時。

1. 小三和絃

比如背景是Ｄm和絃時，可以搭配 D Dorian 或 D Phrygian 或 D Aeolian 的演奏，然而使用D Dorian 的話，也可以想成是在演奏第 2 音為 D 的Ｃ調音階來演奏，如果是使用D Phrygian的話，就可以想成是在演奏第 3 音為 D 的 bB調音階在演奏。

如此一來，就可以在和絃進行時，不斷的進行選用不同的調的音階來彈奏，像是必須不停的轉調來訓練音階積木圖的變換，藉以加強指板的熟悉。

<D Dorian>

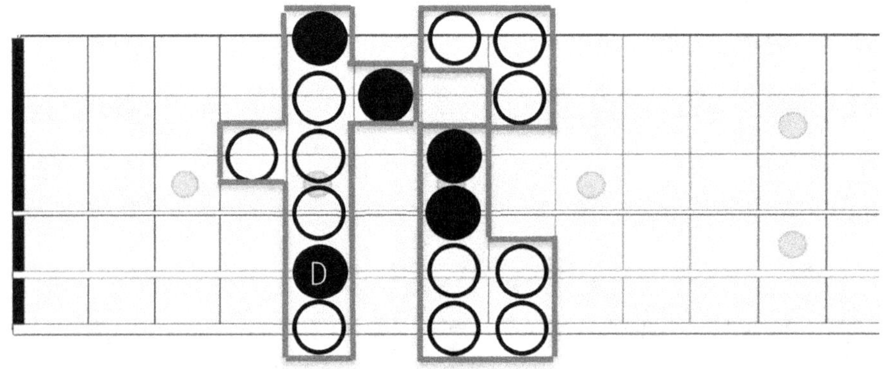

把Ｄm當成Ｃ大調的 II，D音符當作是Ｃ調音階的 2 音來演奏。

<D Phrygian>

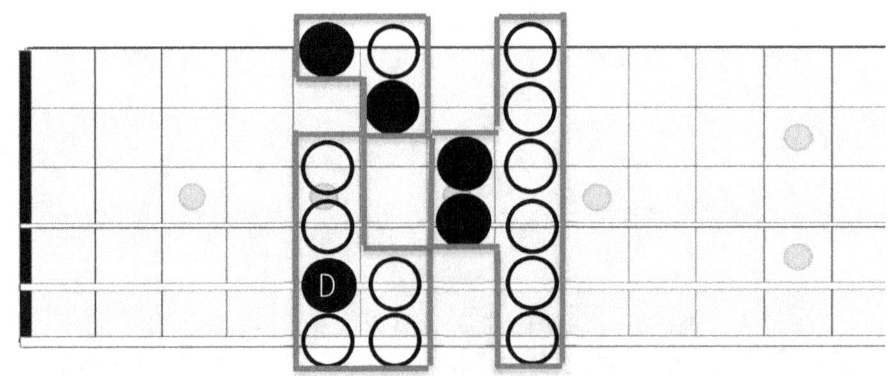

把Ｄm當成bB大調的 III，D音符當作是bB調音階的 3 音來演奏。

<D Aeolian>

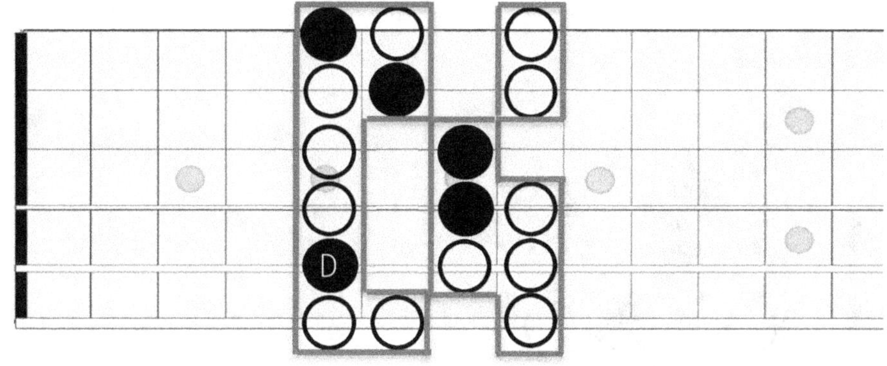

把Ｄｍ當成Ｆ大調的Ⅵ，Ｄ音符當作是Ｆ調音階的 6 音來演奏。

2. 大三和絃

如果背景是Ｇ和絃時，可以搭配演奏 G Ionian（以Ｇ調音階， 1 音為主音）；G Lydian（Ｄ調音階， 4 音為主音）； G Mixolydian （Ｃ調音階， 5 音為主音）。

<G Ionian>

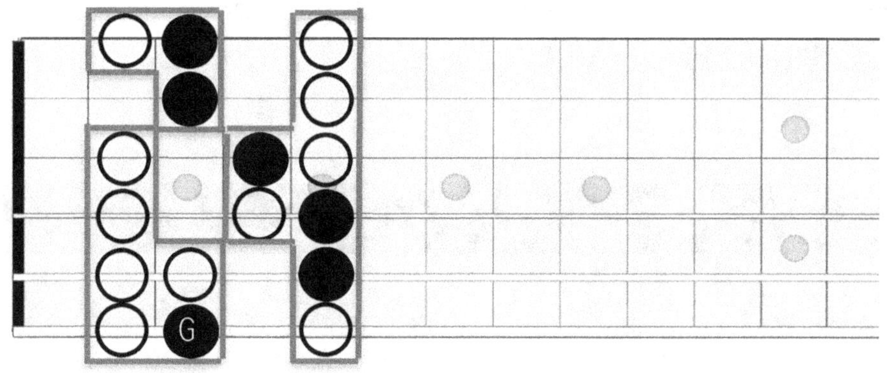

把Ｇ當成Ｇ大調的Ⅰ，Ｇ音符當作是Ｇ調音階的 1 音來演奏。

<G Lydian>

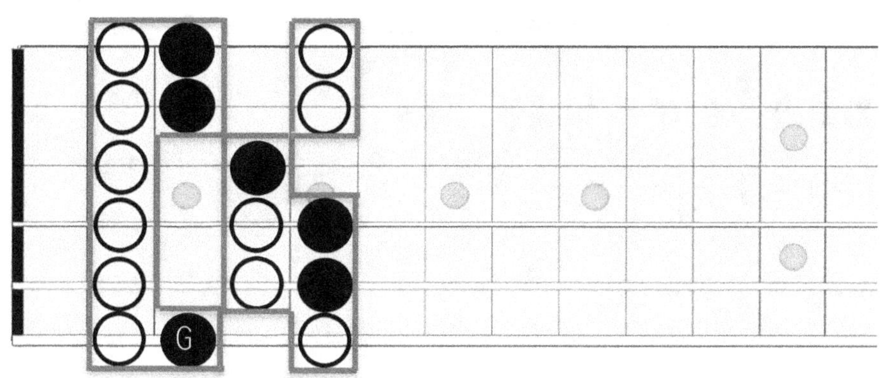

把 G 當成 D 大調的 Ⅳ，G 音符當作是 D 調音階的 4 音來演奏。

<G Mixolydian>

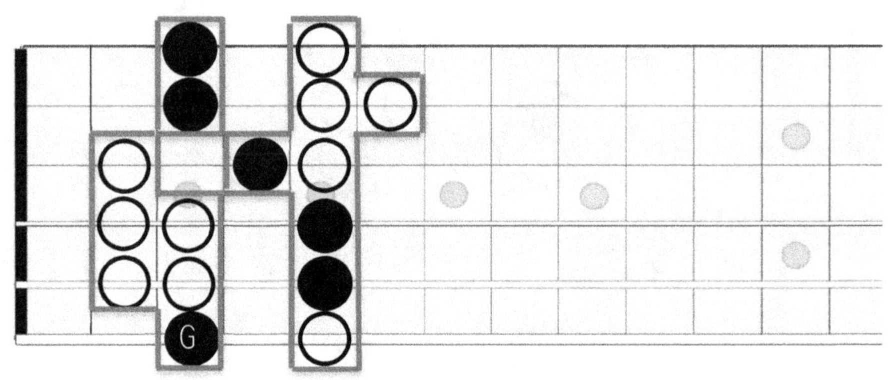

把 G 當成 C 大調的 Ⅴ，G 音符當作是 C 調音階的 5 音來演奏。

《找出差異的音》

分析比較 G 調、C 調、D 調的音階音符，會發現 G 調和 C 調的差別只有在 F 這個音，G 調裡是 F#，C 調裡是 F，其他都是相同的音，所以指板上的圖形只有一個音的點位需要變化。而 G 調和 D 調的差別只有在 C 這個音，G 調裡是 C，D 調裡是 C#，其他都是相同的音。

	1	2	3	4	5	6	7
C 調	C	D	E	F	G	A	B
G 調	G	A	B	C	D	E	F#
D 調	D	E	F#	G	A	B	C#

如果是其他不同調的音階，也許會有更多不同的音出現，這時要做切換的話就更是考驗自己對差異音的瞭解。在做自我訓練時，可注意以下方式：

1. 從差異音數量較少的音階開始練習

如何知道哪些音階之間的差異音的多少？

最快的方法就是拿出五度圈來看了。

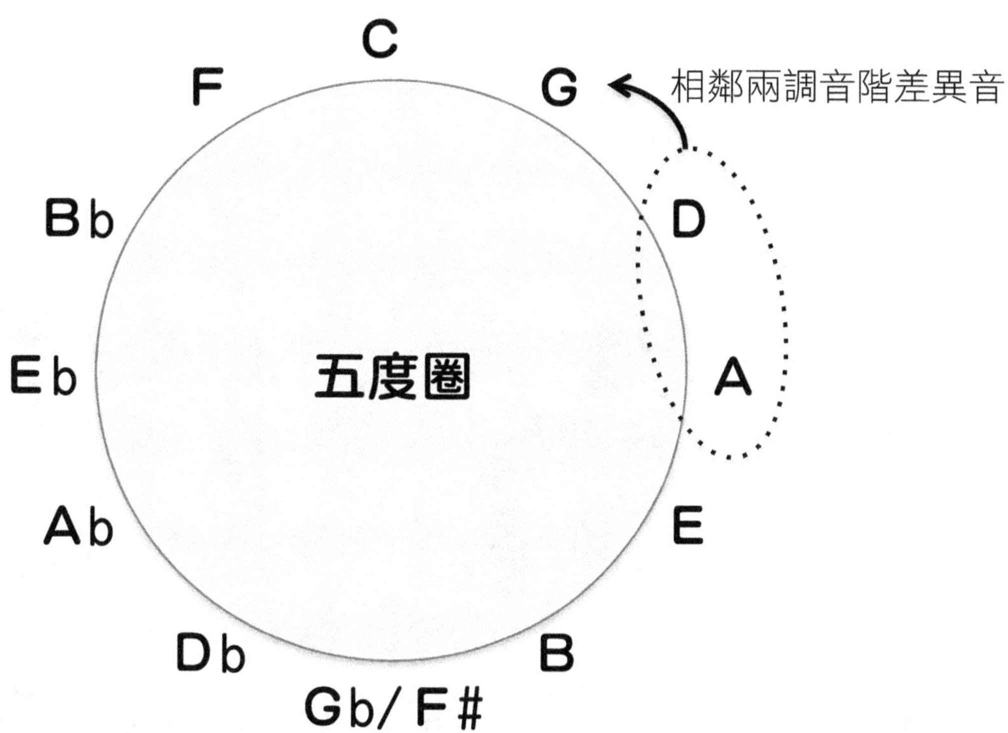

在五度圈上，選定一個調後，左右兩邊相鄰的調和選定的調的音階就是只有1個差異音，而相鄰兩調的差異音正好是左邊那個調的再左邊鄰調的主音。比如C和G的音階，只有F音不同（F與F#），D與A調音階，差異音就是G音（G和G#），而Eb和Ab調的差異音則是D（D與Db）。

差異音的數量則按照相隔的距離而增加，相鄰的話是1個差異音，隔1個調是2個差異音，隔2個調則是3個，依此類推。

2. 練習時可嘗試從差異音上做切換

這樣的方式除了可以在聽覺上有明顯的變換，也可以訓練指板上彈奏遇到轉調或其他音階的使用時可以更熟悉快速的反應。

3. 搭配和絃背景的練習

這部份最重要的就是要用耳朵聽，讓耳朵去習慣當背景音樂改變時，彈奏哪些音階是會最適合，哪個音符變動一下味道就會對上。這種方式練習的最終目的，就是讓自己完全不用再管什麼調，反正音樂背景和絃一變，馬上就會知道哪些音符在接下來的彈奏才適合，也就是「無招勝有招」了。

《調式與和絃進行》

當音樂中出現連續好幾小節都是單一和絃時，可以嘗試做調式音階的互換使用。

［範例］

<1> A 和絃（開放 E 和絃指型）

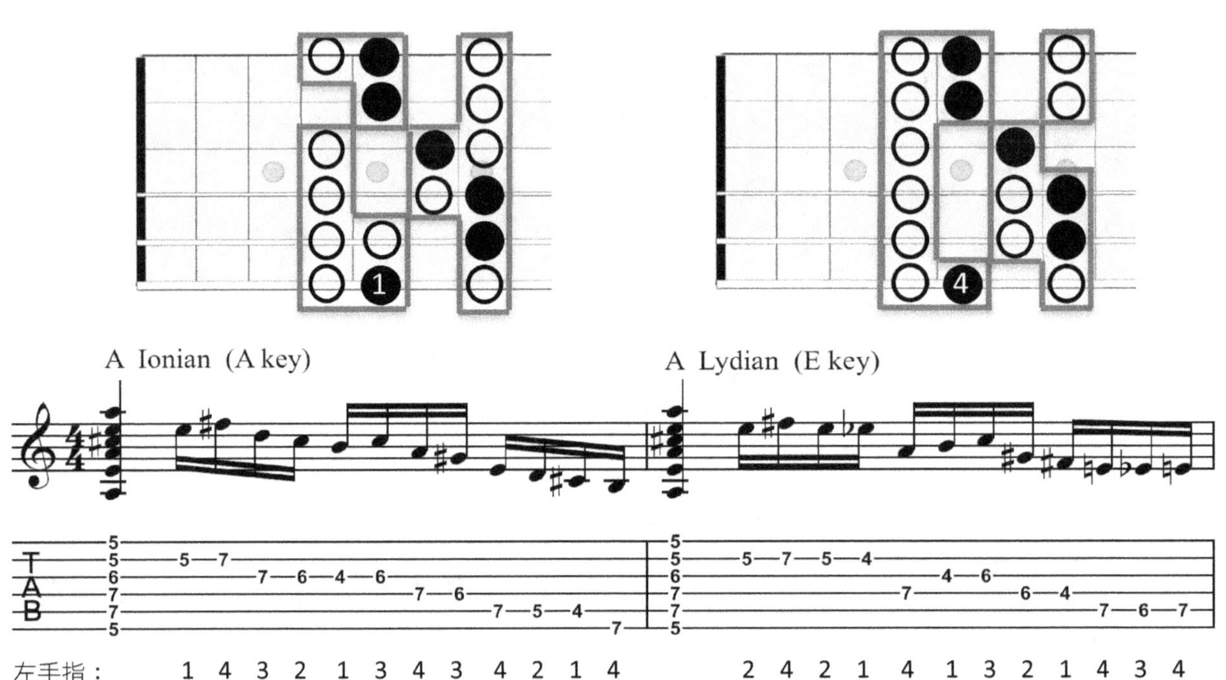

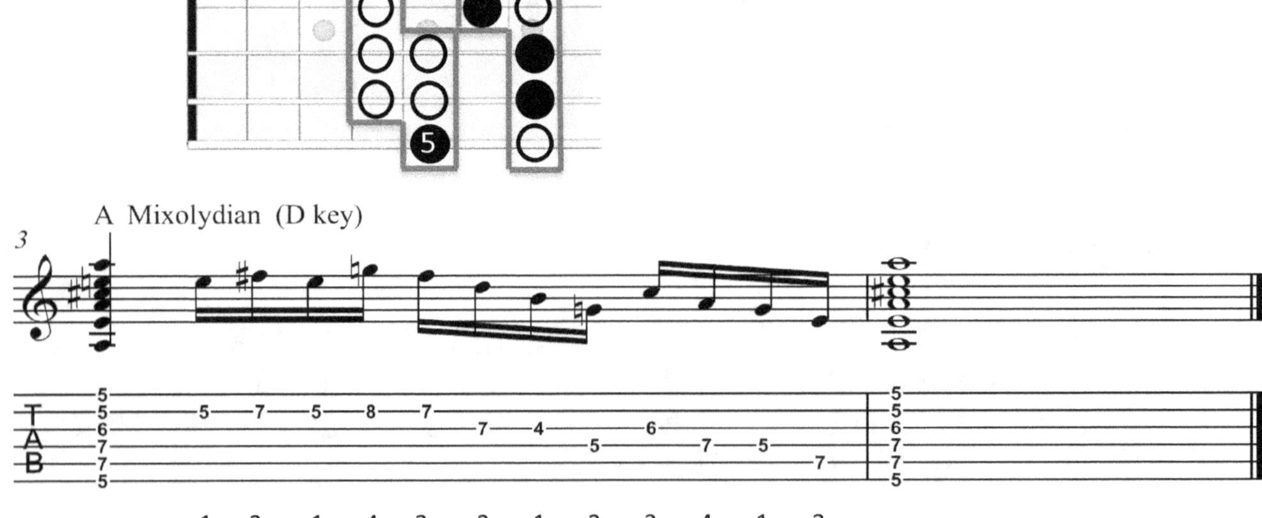

⟨2⟩ A 和絃（開放 G 和絃指型）

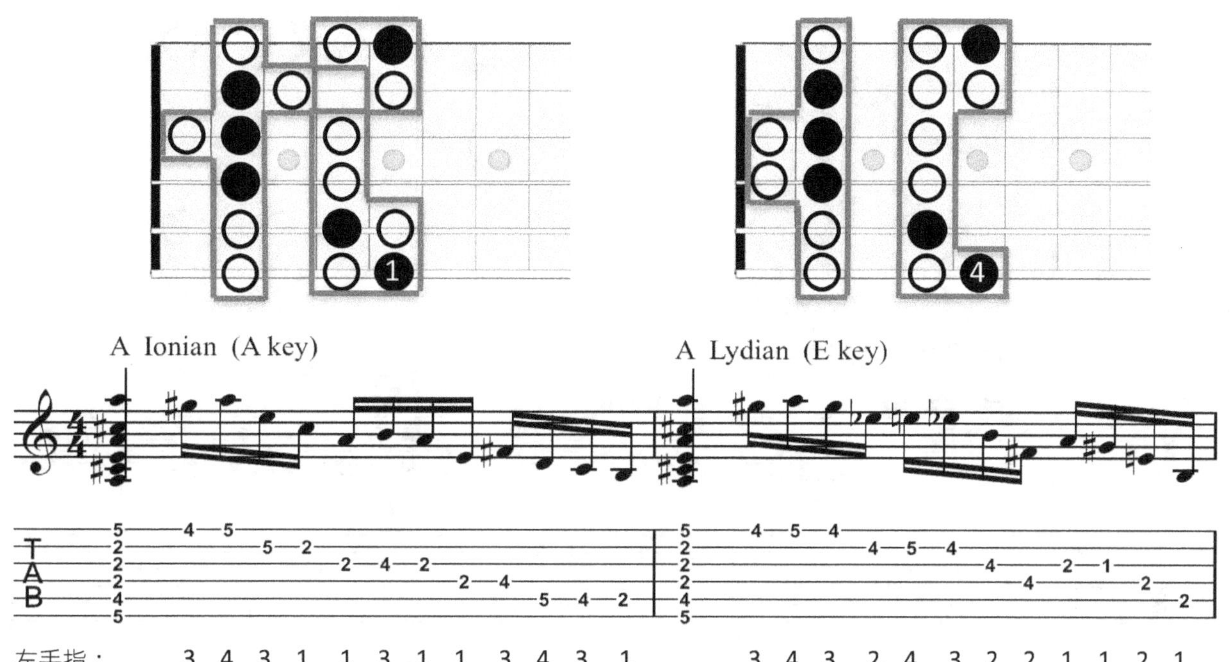

左手指：　　3 4 3 1　1 3 1 1　3 4 3 1　　　　3 4 3 2　4 3 2 2　1 1 1 2 1

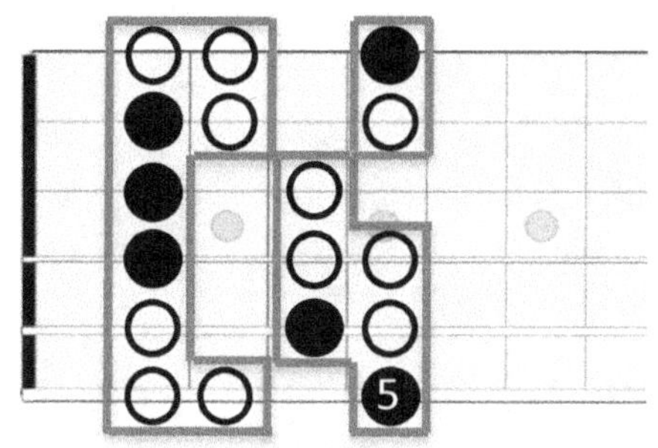

4　3　　1　2　1　2　3　4　3　4　3　1

⟨3⟩　Ｃｍ和絃

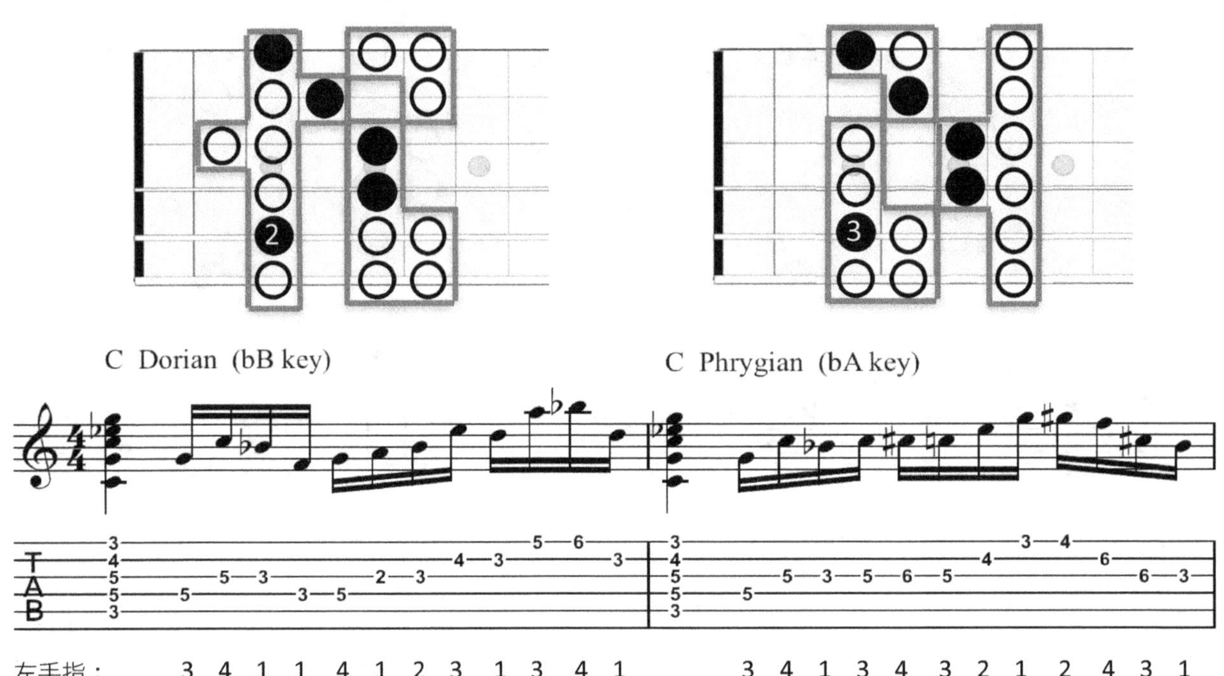

左手指：　　3 4 1 1 4 1 2 3 1 3 4 1　　3 4 1 3 4 3 2 1 2 4 3 1

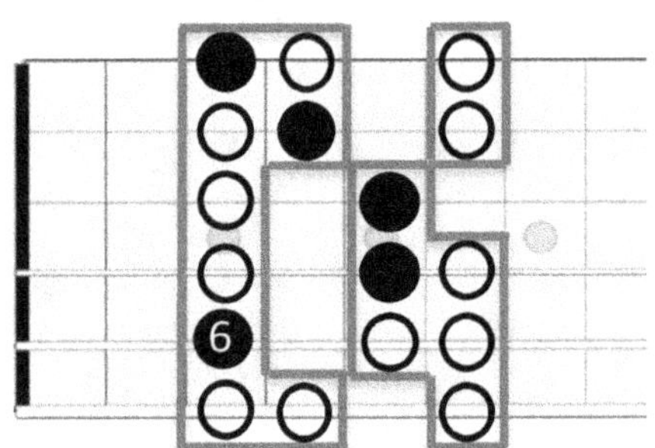

3　4　1　1　2　1　2　1　2　3　2　3

結語—如何練習

這本輕薄的超解密手冊**主要先藉著比較有效率的方式讓你越來越熟悉指板**，你就可以思考演奏套路、也將能自行發展出越來越多的演奏指型，也越能發現自己的不同風格。雖然技巧並不是本秘笈所關注的，但是這些心法也可以幫助你更能在技巧的使用上得心應手，演奏上你也仍舊需要足夠的技巧去支撐你的音樂想法和樂句，所以也別輕忽了技巧的練習。

音階的積木圖，我建議你可以多列印幾張本手冊後面附上的指板圖，在早上起床，或是任何空閒的時候（課堂上自習到一半想休息時？）可以拿個一張空白指板圖起來自己畫一下音階圖。等到你覺得畫那些點點的位置沒問題後，開始幫它們把大調或小調的主音位置給標上，最後再慢慢把音階的簡譜數字寫上。剛開始可能很容易就會忘記或錯誤，不過不要氣餒，直接把原圖拿起來看，或是抄寫，都會幫助你去記得它們。

別忘了做移調的指型練習。

拿起吉他練習前，也可以先拿出音階圖，先思考一下你可以在指板上演奏怎樣的指型，或是要怎樣在指板上作把位的移動，先確認你要練習的目標，再開始操作及嘗試，慢慢的你會發現你自己的創意指型或樂句。

當你在做其它的練習時，比如琶音、和絃、各種樂句的練習時，**得要思考一下正在演奏的把位音符是屬於哪個音階積木上**，只有當你知道自己在哪裡時，你在即興的時候才不會迷失，即便你彈得不是自然音階，也可以再回到自己預期的位置上，更不用說作吉他編曲時將能更得心應手。

如果你還是覺得有疑惑，想知道更多，或是練習，都可以與我聯繫，歡迎上我的網站或是FB專頁，也可以上KKBox、MyMusic（原ezPeer）或是各大手機平台搜尋"不拘時"，iTunes、Spotify搜尋"Scott Su"，聽聽我發行過的吉他演奏創作專輯，包含有電吉他和木吉他以及編曲的作品！

不拘時

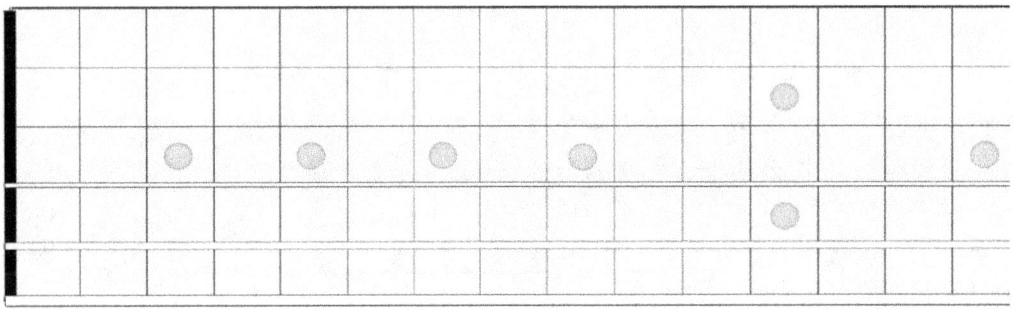

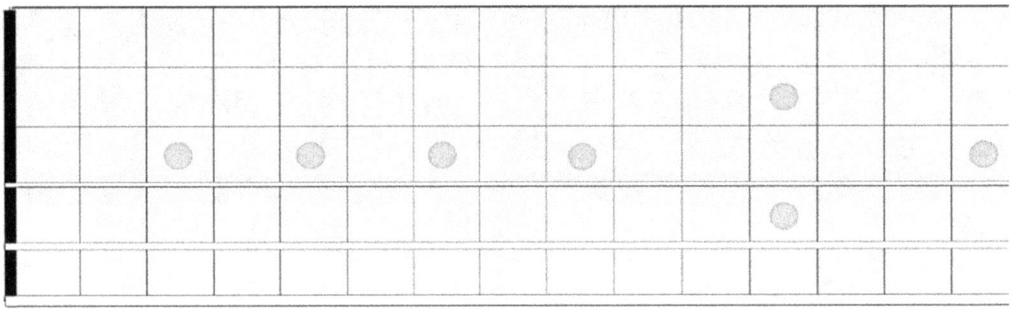

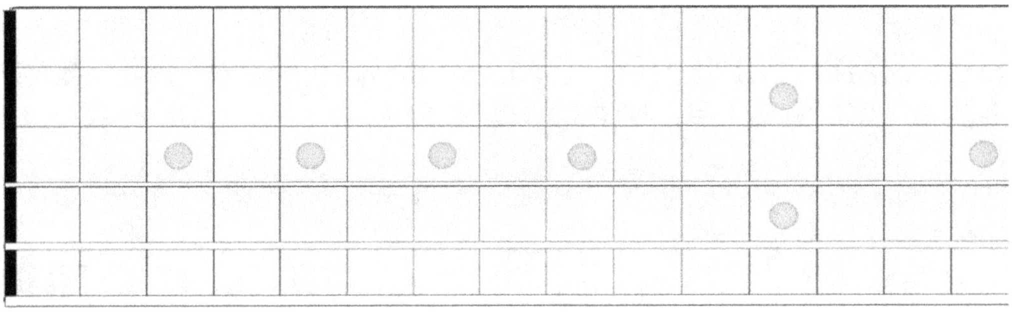

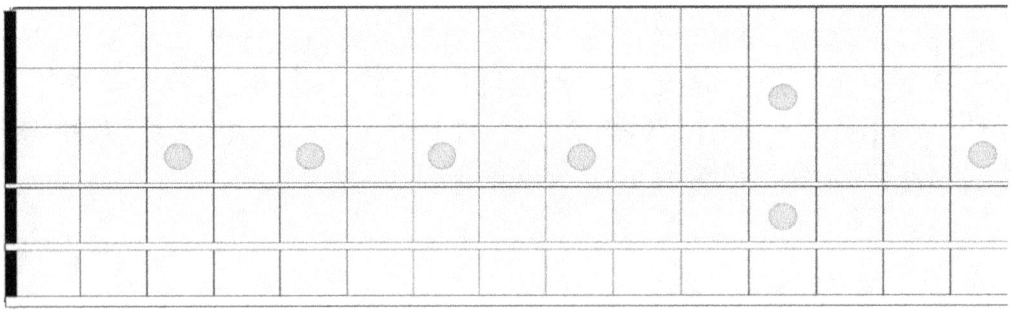

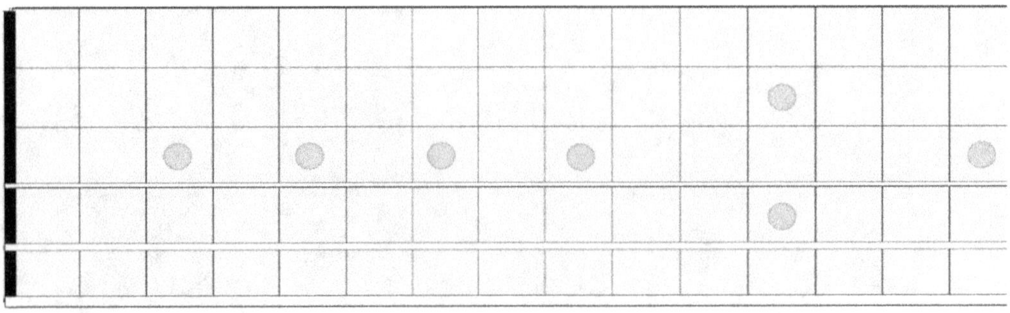

不拘時吉他書系列

吉他指板超解密手冊

記憶吉他音階位置的救星！「積木圖像記憶法」搞定所有難題！結合音程、琶音、和絃、調式等等，增強指板上的音樂概念與演奏技巧！

流行音樂的特殊和絃進行訓練筆記

本書以流行音樂的角度切入探討和聲學中的各種手法，並應用和聲學手法讓你的吉他編曲演奏創作更有特色好聽！

一個人的藍調指彈吉他攻略：基礎、進階與即興

旋律，和聲，節奏與指彈的各種主題式藍調訓練，藍調彈奏更加豐富多元！

吉他指板超解密手冊 · 完全版

Fretboard Secret Handbook － Complete Version

◎ 編著：不拘時

◎ 編曲演奏：不拘時

◎ 封面攝影：侯明享

◎ 封面設計：白象文化

◎ 印刷：白象文化

◎ 出版日期：2014年1月（初版）

◎ 發行/出版：時空膠囊音樂社

◎ 地址：23582新北市中和區秀朗路三段128巷13-2號

◎ 電話：02-25589597

◎ 網站：http://www.stc-music.com/

◎ Email：web@stc-music.com

◎ 定價：每本新台幣二百八十元整

國家圖書館出版品預行編目（CIP）資料

吉他指板超解密手冊 / 不拘時著. -- 初版. -- 新
北市：時空膠囊音樂社， 民 103.01
　　面；　公分
ISBN 978-986-89903-1-9(平裝)

1.吉他 2.演奏

916.6504　　　　　　　　　　　　102027446

版權所有，翻印必究

本書如有缺頁、破損，請寄回更換！

www.ingramcontent.com/pod-product-compliance
Lightning Source LLC
Chambersburg PA
CBHW081034130726
48001CB00007B/2565